綠角的 基金 8 堂課

2016 補課增修版

財經暢銷作家 **綠角** 著

不變的原則，更新的資料

《綠角的基金 8 堂課》初版首刷在 2011 年 1 月刊行。當我今年初接到出版社來信，說考慮要將書稿重新修訂再版發行時，心中五味雜陳。

第一個感覺是受到肯定。一本書能過了五年再修訂發行，代表讀者們對這本書的肯定。一個好的投資觀念，假如無法清楚說明、說服他人，那也是徒然。我很高興這些我自己實行起來相當受用的投資方法，能讓許多讀者朋友有相同的感覺。

第二個感覺是風向變了。在《綠角的基金 8 堂課》出版以前，國內討論基金投資的書籍，多以過去績效做為挑選基金的核心方針。「4433」這四個字，在雜誌文章、理財討論區中屢屢出現。

過去績效早已被證明對基金未來績效幾乎沒有預測能力。在我寫書、寫文章，力陳低費用，而不是過去績效，才是真正對未來成績有預測能力之後，現在的確已經較少聽到投資朋友使用 4433 做為選基金的方法。

第三個感覺是台灣基金界仍沒有太大的進步。股票型基金仍維持一貫的 1.5% 經理費。加計其他費用後，年度總開銷常超過 2%。這是一個非常高昂的收費。近幾年台灣 ETF 業界雖有積極的發展，出現很多國際市場的 ETF，但在費用與指數追蹤能力方面，恐怕還是跟美國當地已經發展 20 幾年的 ETF 有段差距。希求高品質投資工具的投資朋友，恐怕在台灣當地的選擇仍然不多。

新版的發行，我有幾個期待。我希望這本書對於剛開始入門投資的基金新手，仍是一本具參考價值的書；我也希望對於已經看過舊版的讀者朋友，當他再看一次新版時，仍覺得有所收穫。

因此，我從幾個方向進行更新。

首先是把過往年度的績效更新到最新的年度，並加上相關說明。根據不變的投資原則來討論投資，好處就在於不必隨著市場狀況而改變論點。市場一定會有變化，但我們投資人可以維持不變的指數化投資與資產配置原則來進行投資。

然後，在大多章節加入相關參考書目，方便想要更深入了解的朋友，進行更多的閱讀。

最後，新增一個完整章節「投資朋友常見問題解答」。解說了一些我常被問到的問題，譬如 0050 長年期績效跟主動型基金相比，是否真有優勢？基金的內扣費用到底是在什麼時候扣除等問題。

隨著時間推移，市場有層出不窮的挑戰。從 2011 年的歐債危機、2013 年美國預期停止 QE 的紛紛擾擾、2015 年希臘能否取得再次紓困的金援等，市場似乎從來沒有「安全」過。

事實是，假如要等一切都安全、明朗了再投資，那也就不必投資了。

我們需要的是一個可以讓自己心性穩定、堅持下去的投資方式，而不是要隨著市場變化，不斷地做出調整。

希望這本書陳述的投資概念，可以為讀者朋友在多變的市場中帶來可靠的方針。

綠角

Contents 目錄

第 4 堂課

沒有「投資時機」這檔事

第 5 堂課

選擇投資市場的 6 個問題

第1堂課

賺錢，從
了解風險開始

1-1 報酬的代價

為什麼要投資？

打開這本書的讀者，對於這個問題應該都已經有了答案，那就是「要賺錢」。

正如我們在工作時，必須付出時間與勞力才能換取金錢。在金融市場，我們能「不勞而獲」嗎？

答案顯然是否定的。

想要投資賺錢，我們必須有所付出。投資人想要換取報酬，就要承擔風險。所謂「高風險高報酬」真是一點都沒錯。但是且慢，到底什麼是「風險」？

◎ 高風險不一定帶來高報酬

風險？一個投資標的價格很不穩定、上下起伏，不就是風險嗎？

這是風險的一部分，但不是全部。有不少投資人，將價格的波動就當做是風險，這會導致對風險的不完全認知。

假如價格的波動就是風險，那麼根據「高風險高報酬」這六字真言，投資人只要去買進與持有高波動投資標的，那麼是否就可以獲取高報酬了呢？

我們來看一些高波動標的的投資結果。

先以美國市場為例。圖 1-1(a)，是代表美國股市的標普 500
指數近 16 年的報酬率。圖 1-1(b) 則是到期年限在 5~10 年之間
的美國公債指數近 16 年的報酬率。

圖 1-1 美國股市與債市近 16 年報酬

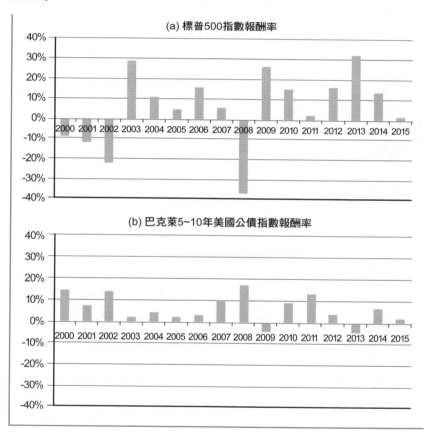

在圖中我們可以看到，美國股市指數在過去 16 年有四次負
報酬。最嚴重的下跌是在 2008 年的 -37%。同時期公債指數則

只有二次負報酬，最嚴重的下跌是 2009 年的 -4.78%。任何人都可以一眼看出，股票才是波動大、風險高的資產。

那麼從 2000~2015 年，是波動較大的股票有較高的報酬率囉？結果標普 500 在這 16 年間的累積報酬是 89%，而美國公債指數則有 151% 的報酬。

也就是說，在這個例子中，高風險的股票反而帶給投資人較低的報酬。

有時，不需要和債券相比，股市本身的報酬就已經慘不忍睹。圖 1-2 是日經指數自 1970~2015 年的走勢圖。

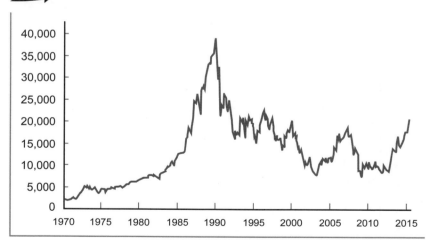

圖 1-2　日經指數自 1970~2015 年的走勢

日經指數在 1989 年 12 月站上 38,957 點的歷史高峰後，至今仍無法回到當時的高點。從 1989 年最後一個交易日到 2015 年最後一個交易日，指數共下跌了 51%（從 38,916 跌到

19,033.7）。

這些例子不是個案，是全球金融市場的常見狀況。以台灣股市為例，加權股價指數在 1990 年 1 月 31 日以 12,054 點收盤後，到 2010 年 1 月 29 日收盤的 7,640 點，在這 20 年間，是 -32.4% 的報酬。[1]

從這些例子，我們可以明白看到兩件事。

首先，高波動不一定有高報酬。第二，高風險可能最後帶來的是高虧損。

◎ 承受賠錢風險，才能換取賺錢的可能

風險，就是結果的不確定性。**假如高風險可以讓投資人確定有高報酬，那其實就沒有風險了。**

高風險，指的是投資成果可能是正，但也可能為負。投資人正是承受賠錢的風險，來換取賺錢的可能。當高風險資產最終顯露出它的風險，讓投資人拿到低劣的報酬時，我們就會看到高風險資產報酬反而輸給低風險資產的現象，以及高風險帶來高虧損的情形。

投資人有可能在付出許多時間與精力之後，仍是拿到一個負號的報酬率。也就是說，除了投資過程中，價格的上下起伏會不斷考驗投資人的耐力與情緒控制力之外，最後投資成果的不確定性，才真是投資過程中最大的風險。

風險與報酬就像光與影一樣。當你在冬天走到戶外，一道和煦的陽光照在身上讓你感到渾身舒暖之際，你的背後，必有

---

1. 以加權股價指數計算，未計入現金股息的報酬。

一道影子。當你的投資組合欣喜地迎向高期望報酬的陽光時，不要忘記，背後也有一道長長的投資虧損的影子。

「高風險高報酬」鮮少被人提及的同義句就是「高風險高虧損」。

要用什麼心態面對這個問題？要如何處理這個問題？其實就是「如何投資」的答案所在。

1-2 先談風險，再想報酬

當你想到投資時，腦海中首先浮現的是誘人的報酬，或是虧損的風險？這個問題的答案，不僅決定了你的投資方法，也與日後的投資經驗息息相關。

假如你學過潛水，你會知道剛開始的教室課程與實際操作，都是在教潛水的可能危害以及處理步驟。上課時會教你什麼是潛水夫病，水中會教你蛙鏡進水如何排除、進氣口進水如何處理、裝備背心鬆脫如何穿回等。在教完種種可能風險與狀況排除步驟之後，才會教你如何踢水前進，享受海底風光。

專業潛水課程絕不會跟大眾宣傳潛水多有趣，歡迎大家來試試看，然後不告訴你可能會面對什麼狀況以及如何處理，就把你推下水。

◎ 基金業者不想告訴你的事

「先談風險，同時說明風險如何處理排除」，向來是謹慎務實的專門事業的一貫態度。你一定要先有處理風險的能力，才能享受這個活動帶來的樂趣。

同樣地，所有謹慎務實的投資策略，都以風險為優先考量。投資人一定要先建立好面對風險的**態度**與了解處理風險的**方法**，他才能享受投資的可能益處。

假如一個投資人不知道如何面對風險，卻受到美好的報酬誘惑，便一股腦兒栽進金融市場，就像一個沒上過潛水課程的人，卻穿上潛水裝備，「噗通」一聲跳進水裡，回不到水面的機會很大。同樣的，不知道風險的投資菜鳥，也可能要面對「沒賺錢就先虧錢」的窘境。

投資人必須看清自己所處的環境：金融業與相關產業，是「投資人有參與，他們才會賺錢」的行業。

譬如在基金業，一樣收取 1.5% 的經理費，管理 1 億元的資產會帶來 150 萬元的收入。但管理 10 億元的資產，就可以帶來 1,500 萬元的收入。因此，有愈多投資人買進基金，就會為基金公司帶來更大的報酬。

譬如證券業。假如一位投資人持有價值 100 萬元的股票，整年都不賣出也不買進，那麼券商的收入就幾乎是零。一樣價值 100 萬元的股票，假如這位投資人每月都全部出清手上持股，重新買進股票。那麼一年就有 2,400 萬元的交易量，以每筆交易收取千分之 1.425 的費用計算（實際上大多有打折），就可為券商帶來 3 萬 4,200 元的收入。

譬如財經媒體。假如沒有銷路、沒有人看節目、沒有人買刊物，那麼怎會有廣告收益呢？所以他們要做出投資人喜歡看的節目，寫出投資人喜歡看的文章。

參與的投資人愈多，投入的資金愈多，金融業者的收入就愈高。當業者的重點放在自身的收益時，他們會想盡方法，引誘投資人投入。

請問，跟投資人講述投資虧錢的風險，或是宣傳投資獲利的可能，何者比較中聽，比較能吸引投資人呢？

於是我們看到許多業者，不停宣揚新基金的潛在獲利，教導各種繁複交易方法讓投資人買進賣出，報導簡單致富的方法與故事。他們沒說的是，趕風潮的基金下場往往難看，交易買賣之間唯一能確保的是券商的手續費收入，美好的致富故事是無法通用的特例。

◎ 不要貪心，報酬總伴隨著風險

投資朋友，你以為這些業者真在意你能否獲利？其實他們真正在意的，是他們能否從你身上獲利。教投資人風險概念與虧損的可能，他們常常覺得太累、太辛苦了。

這些業者就像跟大眾宣傳潛水很好玩，不用上課就可以下水的潛水訓練班一樣，枉顧道義、沒有責任感。當我們看到這樣的潛水招生廣告（假如有的話），都知道要退避三舍之時，很多投資人卻落入金融業者的宣傳伎倆，身處重大風險之中，還不自知。

投資人，也是人。人會受到美好事物的引誘。魚鉤上肥美的小蟲，陷阱中香氣四溢的肥肉，金融市場中讓人口水直流的可能報酬，全都有一樣的名稱，那就是「餌」。

當投資人認清投資的風險之後才開始投資，而不是受報酬引誘而投資，他才能踏出正確的第一步。惟有認清自己的動物本能，並記住「天下沒有不勞而獲」的準則，投資人才能壓制

心中的貪念與避開遍布的投資誘餌。假如自稱專業的金融業者不願教導投資人必須知道的投資風險與處理方法，那麼，投資人惟有靠自己的學習與思考來教育自己了。

投資界常把風險較大的投資稱作「較積極的投資」。這是一個很不好的說法。投資和工作、做善事不同，不是愈積極愈好。「積極」這個詞有一種正面、努力的意涵。投資人應該努力的地方，是在於算出自己能承受多大的風險，以及達到財務目標需要承擔多少風險，然後使用合適的工具，進入金融市場裡承擔**不多不少、剛剛好**的風險。投資人不應在承擔風險方面逞凶鬥狠，看誰比較能承受風險，就可以被稱做積極。這種積極，是對風險沒有概念的魯莽。

投資的目的，不在於創造可以拿出來誇耀的成績，而在於達成自己的財務目標。能幫助投資人達成目的的投資方法，就是滿分的策略。

投資金律 (The Four Pillars of Investing)

關於金融業者與投資人之間的利益衝突，有興趣進一步了解的朋友，可以參考威廉・伯恩斯坦所寫的《投資金律》（The Four Pillars of Investing）一書。書中第 9 到第 11 章，明白解釋了證券經紀商與資產管理公司，和投資人之間的利益衝突。

第 2 堂課

不要冒沒有
必要的風險

2-1 高風險高報酬的迷思

　　「高風險，高報酬」這句話，常讓投資人非常勇於承擔風險。有的投資人認為基金持股分散，風險較低，不易賺到錢，所以要買個股；有人則覺得個股還不夠看，波動更大的選擇權和權證才是高手的競技場。

　　假如風險愈高，報酬愈高，那當然是身處險境的投資人才能賺到最高的報酬。但問題是：不是所有的風險，都有對應報酬。

　　能以簡單方法迴避的風險，是不會帶來報酬的。就像警察不可能不穿防彈衣出勤務，然後要求風險加給；消防員也不可能不穿護具上火場，然後要求加薪。同樣的道理，投資人去冒不必要的風險，也不會獲得任何額外報酬。

　　投資人最常承擔的沒必要風險，就是「個股風險」。這類投資人常以幾支股票組成自己股市投資的主力。他們常認為，自己持股集中，承擔比大盤與投資分散的基金更大的波動，所以理應獲得更大的報酬。我們可以從幾個方面檢視這種想法。

　　先來個腦中實驗。譬如某個證券市場由 100 支股票組成，而所有投資人都只持有一支股票。不多不少，就是一支。因為所有投資人都只持有一支股票，所以他們幾乎都承擔比整體市場更大的波動與風險。但全體投資人，有因為承擔了較大的風

險，而獲得比大盤更高的報酬嗎？

這是不可能的！全體投資人能獲得的報酬，就是整體市場的報酬。也就是說，整體來看，持股集中，只會讓投資人暴露在更大的風險，但絲毫不會帶來更高的報酬。

這時有人就會說了，那麼報章雜誌中，藉著持有少數幾支股票賺大錢的故事，難道都是騙人的嗎？這些故事可能是真的，但沒有出現在報導中的，是持有少數幾支股票虧到爬不起來的人。更可悲的是，當這些持有少數幾支股票而大敗潰輸的投資人出現在報導中時，分類常是社會新聞而不是財經新聞。

我們不應根據故事來投資，然後希望自己靠著好運成為下一個報導的主角。我們應該有整體觀，了解到：持有少數個股帶來的過度風險，不會帶來對應報酬。集中持股所能確定的，是你的報酬率很可能會與大盤「很不一樣」。集中持股絕對無法保證的是，這個「很不一樣」的報酬率，究竟是正號還是負號。

2-2 個股的報酬未必較高

再來，我們可以想一下，就算真的靠集中持股獲得高報酬了，這些報酬的代價是什麼？

衡量每冒一分風險，可以得到多少報酬的概念，叫做「風險調整後的報酬率」（Risk-adjusted return）。

我們可以用台灣 50 指數來解釋這個概念。「台灣 50 指數」，是指由台股 50 家市值最大的公司組成的市值加權指數。

譬如你持有「台灣 50」這支追蹤台灣 50 指數的 ETF，因為你獲得的是這 50 家公司的平均報酬，所以你的報酬贏過一半台灣 50 的成分股。所以另一半的公司，報酬率贏過台灣 50？沒錯，但只是「報酬」贏過台灣 50，而不是「風險調整後的報酬率」贏過台灣 50。

我們可以用個簡單的比喻來解釋風險調整後的報酬率。譬如持有台灣 50，你承擔了 5 分的風險，拿到 5 分的報酬。但持有某支台灣 50 的成分股，譬如甲公司的股票好了，你拿到了 6 分的報酬，雖然贏過台灣 50，但你也冒了 8 分的風險。也就是說，你冒了高 3 分的風險，才拿到多 1 分的報酬。顯然你的風險冒得很不值得，使得你持有甲公司股票的風險調整後的報酬率不如持有台灣 50。

也就是說，即使報酬贏過台灣 50，這支股票的風險調整後

的報酬率也不一定贏台灣 50。在這裡我們可以看一下外國的資料：

圖 2-1 標普 500 指數與成分股的年化報酬率與標準差

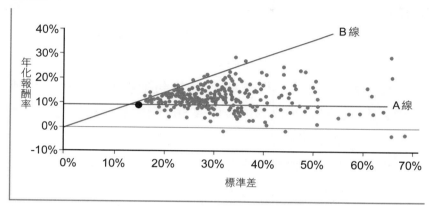

資料來源：Vanguard Investment Counseling & Research

圖 2-1 的縱軸是年化報酬，橫軸是報酬的標準差。報酬變異愈大，標準差數值就會愈大，所以一般將標準差視為一種衡量風險的方法。標準差愈大的投資標的，風險愈大。圖中黑色圓點代表標普 500 指數。灰色散布的點，每一個點代表一家標普 500 成分股公司的股票。統計期間是 1988~2012 年，共 25 年。

很多人比較報酬是這樣看的：直接比大小。若是要這樣比的話，我們可以看到那條水平的 A 線，落在 A 線以上的灰點，就是報酬勝過標普 500 指數的公司，有上百家公司。

這樣看來，標普 500 不會太難打敗嘛！只要你持有 A 線上方其中一家公司的股票，你就贏指數了。

假如你根本不顧風險的話，的確是這樣。

假如考量風險，你要求每多一分風險，就應有多一分的回報。那麼你就得看 B 線。B 線連接了原點與標普 500 指數。這條線代表的是，你每向圖中右邊移動一分，多承擔了一些風險之餘，你應該多拿多少報酬才算合理。看看這 500 家公司中，有幾家落在 B 線之上呢？答案是十家。

500 家中選十家，機會是 2%。換句話說，你有 98% 的機率選到風險調整後報酬率落後標普 500 指數的公司。這是一個贏面小、輸面大的遊戲。

我們可以這樣比喻：股票的報酬，就像甘蔗中的甜分。而風險，就是無用又刺口的甘蔗渣。投資人的合理期望，會希望每一口都有最多的甜分。也就是說，你希望低風險拿到高報酬，如同你希望少咬幾口就能滿口甜味。個股，在大多數的情況下，都是甜分稀薄的劣等甘蔗。你要吃掉好長一段甘蔗，而且可能吃到要去看牙醫，你才會獲得相當的甜分。個股讓投資人多冒很多風險，卻沒有拿到應得的報酬。反之，持有一個分散的投資組合，你就自行培育出高級爽口的甘蔗了，而且每一口，都讓你品嘗到該有的甜分。

很多個股投資人嘲笑基金投資人說，你看，我拿到多少報酬，你們才拿到多少，但卻常忘掉自己已經吃了 10 公尺長的甘蔗，才拿到比別人吃 30 公分還要多的甜頭。而且前提是，這是他夠幸運的話，畢竟有人吃了 10 公尺才發現這支甘蔗毫無任何甜分。

　　圖 2-1 中還有幾個有趣的地方。首先，這 500 家公司的股票與標普 500 指數相較，沒有任何一支股票可以用更小的風險提供更高的報酬。再者，圖中有離群索居的點——有四家公司這 20 幾年的年化報酬是負的。

　　也就是說，假如你要集中投資，選一、兩支股票來試圖打敗標普 500 指數。等著你的，除了選中那優異的十家公司的美妙結果，也有可能是選到負報酬公司的慘不忍睹。

　　分散投資，讓投資人輕而易舉地獲取較高的風險調整後的報酬率。假如你是個謹慎務實的投資人，那麼面對金融市場，你眼中不會只看到報酬，你會同時看到風險與報酬。

2-3 個股帶來資產嚴重損失的風險

　　持股集中，會讓投資人的資金除了面對市場的激烈起伏外，更面對單一公司倒閉的風險。

　　譬如某位投資人投資台股，自 2000 年以來，他便會面對四次單年嚴重下跌，分別是 2000 年的 -43.91%、2002 年的 -19.79%、2008 年的 -46.03% 以及 2011 年的 -21.18%。集中持有個股的投資人，等於是在這些嚴重的市場下挫之外，承擔了更多資金重挫的風險。

　　假如他持有五支股票，資金平均分散在這五家公司之中。只要其中一家公司倒閉，資金就會承受 -20% 的打擊。假如他只持有兩支股票，當其中一家倒閉，那麼資金就會打對折。持有個股，讓投資人暴露在更嚴重的虧損風險之中。

　　其實，在金融市場中想賺到錢，除了要擴大戰果之外，更要會控制損失。譬如有甲、乙兩位投資人，在三年期間，分別得到以下的報酬率：

▶ 表 2-1　甲、乙兩位投資人的歷年報酬率

	第一年	第二年	第三年
投資人甲	50%	70%	-70%
投資人乙	35%	60%	-60%

　　請問，誰的投資成績比較好呢？簡單看過這些數字，讀者會發現，甲應該採取了風險較高的投資策略。在第一和第二年，甲的報酬率都勝過乙，分別勝出 15% 和 10%，但在第三年下跌時，也虧得較多，多賠了 10%。但前二年多贏的部分，能否彌補第三年的損失呢？

　　計算兩人這三年的累積報酬分別是：甲 -23.5%，乙 -13.6%。顯然乙贏了。因為乙靠著在下跌年度控制損失，獲得了較好的成果。日後要回復 100% 的本金，甲需要 31% 的報酬，乙則只要 16% 的報酬。「控制損失」不僅讓之前的戰果得以維持，更讓資金容易從虧損中回復。

　　在多頭時，我們看到很多「投資人甲」誇耀他的投資成績。在市場下跌之際，當這些聲音全都消失不見時，我們就知道這些「投資人甲」發生什麼事了。因此，高風險策略往往不是高報酬策略。投資靠的不是敢冒險的衝動，而是懂得控制風險的謹慎。

　　持有少數股票的投資人常很有信心，認為自己已經花過心力研究公司，對公司有相當的了解與掌控，是不可能踩到地雷或遇到倒閉事件的。但是，市場永遠有意外。了解這家公司，不代表投資人可以預知未來所有的變數。

　　每次社會新聞報導惡行重大的殺人犯時，有個共通特點，就是嫌犯的親人與鄰居往往會說，看他平時溫文客氣，怎會是這樣的人？同樣地，在上市公司倒閉時，投資人往往會說，總經理怎會是這樣的壞人、公司的營收怎會是造假，真是太意外

了！禍起蕭牆。你知道這個人、這家公司，但不代表它未來不會出事。

每當遇到這類不幸事件時，投資人往往欲哭無淚，心中悔恨，想說「早知道我就不這樣集中投資了！」現在，你有一個機會，讓自己在投資路上，永遠不必說「早知道」，那就是**分散投資**。假設你持有 100 家公司的股票，然後看它們的整體報酬。在某段期間，可能有其中一家公司嚴重虧損，但你不僅完全不痛不癢，帳面報酬還可以是正數呢！

我們來看個實際例子。2010 年 4 月 20 日，英國石油公司位在墨西哥灣的海上鑽油平台爆炸漏油，英國石油公司股價重挫。2010 年以來，股價下跌了 24.46%。但分散持有全球能源類股的安碩全球能源 ETF（iShares Global Energy ETF，美股代號：IXC），同時期的報酬率是 +4%。[2] 其實，英國石油公司還是這支 ETF 的第三大持股。

也就是說，投資人如果看好能源類股，若只選擇一家公司投資，且剛好選到英國石油公司，那麼他的投資成績就會受到鑽油平台爆炸這種事前完全無法預知的負面事件嚴重影響。但假如他願意分散投資，透過基金或 ETF 廣泛持有能源類股，這樣一來，單一公司所能造成的負面影響就被限縮與控制了。

這類影響股價的重大事件，是事前難以預測的。在 2010 年 4 月 20 日之前，以技術分析、基本分析或任何表面看起來言之成理的分析，得到英國石油公司股價將下跌的結論，都是剛好猜對而已。而在同時間，經由任何分析，得到英國石油公司股

2. 英國石油公司股價自 2009 年 12 月 31 日的每股 57.97 至 2010 年 11 月 5 日的 43.79，是 24.46% 的跌幅。安碩全球能源 ETF 自 2009 年 12 月 31 日的每股 35.78 至 2010 年 11 月 5 日的 37.21，是 4.00% 的漲幅。

價將上漲的結論，都是猜錯罷了。要能躲過這次英國石油公司股價重挫的唯一正確做法，是要能預知鑽油平台爆炸。請問，預知這種「意外」事件是人力所能及的嗎？

不要以自己能預測股票未來走勢的自信做為投資個股的靠山，應以接受未來可能出現無法預期的偶發事件的謹慎來面對股市。

不要信心滿滿地自以為不會遇到壞事，那不是風險控制。要假設壞事有可能發生，但就算遇到，損失也因事先採取了防範而被控制在一定範圍之內，這才是風險管控。

只看到報酬的投資人，往往只看到分散投資時，稀釋了其中幾支飆股的獲利。看到風險的投資人，才能看到分散投資，弭平了個股重大虧損的風險。

2-4 集中投資的解藥

總結前段所述，集中投資帶來不必要的風險，就算真的帶來較高的報酬，在考量風險後也未必值得。而且集中持股還讓投資人暴露在資本嚴重損失的風險之中。所以，投資人應避免集中投資。

集中投資的解藥，就是分散投資。但不是隨意持有幾十支證券就是分散投資。面對一個金融市場，投資人應建立一個良好分散的投資組合。譬如投資人想要投資台股，那麼，他要做的是在台股之中進行「良好的分散」。

什麼叫良好的分散？至少要有兩個特性：**廣泛持有、成本低廉**。

「廣泛持有」才能壓低單一個股對整體投資組合的影響，將個股風險減到最低。以一般投資人的狀況來說，最方便的廣泛持有方式，便是使用共同基金或 ETF，透過這些投資工具，間接持有大量的證券。

譬如美國最大的資產管理公司領航集團（Vanguard）發行的「領航全球股市指數 ETF」（Vanguard Total World Stock ETF，美股代號：VT），便持有高達 7,445 支股票。比重最高的蘋果電腦也只不過占 ETF 總資產的 1.4%。也就是說，只要你投資這類型的基金與 ETF，即便是跨國大公司破產倒閉，對

你投資的影響可說是不痛不癢。

　　而且共同基金與 ETF 的投資門檻低，即使投資人只有幾千元的資金，只要他買進基金與 ETF，這些資金就可以立即分散在數十支或甚至上千支證券之中。但假如投資人想要以這樣的小額資本分別買進個別證券，自行建構分散的投資組合，是很難辦到的事。

　　成本考量包括「金錢」成本與「時間」成本。資金較為雄厚的投資人，或許可以自行買進許多個股來組成投資組合，但他必須考量自行照顧這多樣化的投資所需花費的心力。有時花一點費用，請資產管理機構代為管理，能替自己省下大量的時間與精力。

　　但如果在基金與 ETF 的投資成本上花費太多，絕對是一種投資錯誤。因為資產管理公司很難在目前的市場環境中（不論是已開發或是新興市場），創造出額外的報酬。基本上，投資人花掉多少投資成本，可以說就是減損多少報酬。

　　所以基金與 ETF 雖然可以提供分散的效果，也替投資人節省了時間與精力，但基金與 ETF 本身的成本也必須低廉，那才有機會替投資人帶來最大的效益。

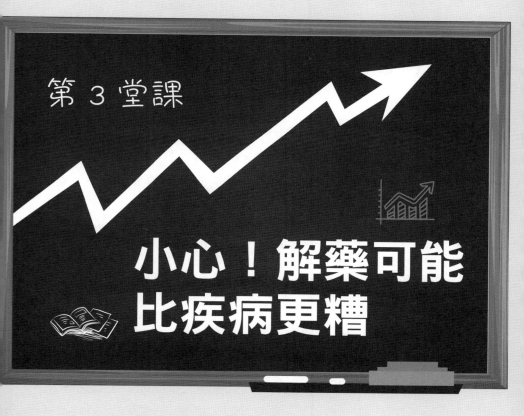

第 3 堂課

小心！解藥可能比疾病更糟

3-1 台灣的基金績效大多輸給對應指數

　　為了達到分散投資的目的，投資人可以選擇基金和 ETF 這兩種投資工具。但就像解決病痛的手術，有時可能反而帶來更為嚴重的併發症。替投資人分散投資的共同基金和 ETF，有時本身就是更大的問題。

　　但基金與 ETF 這些投資工具和醫療手術有個很大的不同。手術改善疾病的可能性大過帶來更嚴重後果的可能，不然就不會有患者願意接受手術了。但試圖替投資人帶來方便的共同基金，卻往往造成更大的問題。究竟會造成哪些問題呢？

　　表面看起來，台灣投資人有多樣化的基金選擇。不僅有為數眾多的境外基金，本地投信業者也發行了許多台股基金供投資人選擇。我們先來檢視一下，這些基金整體的表現如何。

◎ 台灣境外基金的表現

　　首先檢視境外基金，看在美國大型均衡型股票、歐洲大型均衡型股票與新興市場股票這三大基金類別之中，該類基金整體績效與對應的指數型基金績效。[3]

3. 境外基金績效來自投信投顧公會網站，境外基金產業現況分析中的基金類別績效（晨星）。指數型基金分別選用領航新興市場指數型基金、領航歐洲股市指數型基金以及領航標普 500 指數型基金的績效進行比較。其中領航歐洲股市指數型基金是美元計價，表中績效是計算當年美元對歐元匯率變化後的歐元績效，以便與歐元計價的歐洲大型均衡型股票基金比較。選擇這幾個類別進行比較的主要原因是因為它們有適切對應的指數型基金可供比對。

▶ 表 3-1　三類境外基金整體成績與指數型基金績效的比較

類別	過去一年		過去五年		過去十年	
	主動型基金	指數型基金	主動型基金	指數型基金	主動型基金	指數型基金
美國大型均衡型股票	-1.68%	1.25%	56.98%	79.41%	61.21%	100.16%
歐洲大型均衡型股票	10.79%	10.13%	47.57%	50.13%	44.17%	54.28%
新興市場股票	-14.38%	-15.47%	-23.19%	-22.45%	29.19%	37.57%

　　在表 3-1 中可以看到，終止於 2015 年底的一年期間，指數化投資工具的表現似乎沒有特別突出。三大類別中，只有美國股市指數型基金有勝過境外基金的表現。歐洲和新興市場指數型基金則分別落後同組別基金 0.6% 與 1.1%。

　　可是在終止於 2015 年底的五年與十年期間，指數型基金績效全都勝過同類境外基金。新興市場股票基金的五年期累積績效是負數，指數型基金下跌較少。十年期累積績效，三大類別都是正數。此時指數型基金漲得更多。在美國股票型基金，指數型基金更勝出 39%（100.16 － 61.21 ＝ 38.95）。

　　這些境外基金幾乎全部都是主動型基金。它們都由經理人負責研判哪些證券價格低估值得買進，哪些證券前景不良應該賣出。指數型基金則不做任何證券分析，就單純持有市場上全部或具有代表性的證券。

　　境外基金五年期與十年期績效的落後，代表有許許多多經理人幾年下來的努力可以說都是白費力氣了。落後指數的績效，

在主動投資就是不及格的成績。

另外，在基金投資方面，常有一個說法是，在較不具效率的新興市場，使用主動投資的基金，比較有勝出的機會。我們就來檢視一下，聯博、富達、富蘭克林坦伯頓、貝萊德以及施羅德這幾家基金公司的美元計價新興市場基金，與對應的新興市場指數型基金的表現。表 3-2 列出各新興市場基金，過去十年的單年報酬率。

▶ 表 3-2　指數與各新興市場基金報酬率 (2006~2015)

單位 (%)

年度	2006	2007	2008	2009	2010	2011	2012	2013	2014	2015
領航指數基金	29.39	38.90	-52.81	75.98	18.86	-18.78	18.64	-5.19	0.42	-15.47
聯博	28.14	34.04	-56.69	72.90	14.17	-24.67	**19.70**	**1.91**	**1.95**	**-10.87**
富達	**32.73**	**43.05**	-59.85	73.91	**19.57**	**-16.92**	16.32	**11.36**	-1.06	**-6.89**
富坦	27.05	27.87	-52.82	71.76	15.61	**-15.89**	11.53	**-1.24**	-7.97	-19.73
貝萊德	28.47	**39.41**	-54	**77.54**	16.85	-19.14	17.49	**-2.25**	-2.07	-19.34
施羅德	**30.92**	38.68	**-52.49**	73.75	10.78	**-18.08**	19.18	**-2.51**	-4.83	**-13.62**

※ 粗體字表示該年基金績效勝過指數型基金

從表 3-2 中可以看到，這五支主動型基金，在過去十年，只有三個單一年度（2011、2013、2015）有超過一半的新興市場基金勝過指數型投資工具。其他七年，能勝過指數型基金的數目都在兩支以下。總計這十年的累積報酬，只有富達新興市場基金能勝過指數，其他四支都落後。

也就是說，即便是在新興市場，直接宣稱主動型基金的勝

利，是一個過於大膽的說詞。

◎ 台灣基金的表現

接下來，我們檢視台股基金。表 3-3 列出了過去十年，台股基金的平均績效與加權股價報酬指數的表現[4]。

▶ 表 3-3　台股基金 2006~2015 整體表現

單位 (%)

年度	2006	2007	2008	2009	2010	2011	2012	2013	2014	2015
基金平均績效	18.29	11.16	-46.62	77.19	3.13	-22.35	12.12	21.00	7.99	-1.61
加權股價報酬指數	24.44	12.50	-43.07	83.34	13.57	-17.98	12.94	15.14	11.39	-6.87
前 1/2 平均	25.46	18.71	-41.51	92.40	10.49	-17.38	16.7	29.40	13.07	3.39
後 1/2 平均	11.11	3.62	-51.73	61.99	-4.25	-27.32	7.54	12.51	2.9	-6.62

資料來源：邱顯比、李存修教授整理之基金績效評比表

首先我們可以看到，這十年中，除了 2013 和 2015，台股基金的平均績效都落後報酬指數。我們不應該特別強調 2013、2015 這兩年的情形，然後說買基金也有可能勝過大盤，而是應該看整體、大多數的狀況。整體來說，買進台股基金的投資人，拿到的是遜於指數的報酬。

再來，雖然幾乎每一年度，前二分之一的基金，其平均成績都會勝過指數（2010 除外），但這是一個贏小輸大的遊戲。

4. 加權股價報酬指數有計入股票配發的股息報酬，是較合宜的比較標準。

以 2009 年為例，選到排名前二分之一的基金，平均可以拿到 92.4% 的報酬，贏指數 9%。但萬一選到後二分之一的基金，平均 61.99% 的報酬，可是會落後指數 21%。這就是贏小輸大。

而且這十年期間，除了 2013 與 2015 之外，全都如此。選到前二分之一的基金，不會贏指數多少，但萬一落到後二分之一，就會輸很多。

不論是境外基金還是台股基金，台灣投資人面對的，太常是一個整體績效落後指數的狀況。這樣的情形，是否有解？

有的！金融業者和許多投資大師會跟你說：解決方法，就是要學會挑基金。只要你會挑基金，就可以選到未來表現不錯的基金，這些整體落後指數的成績就與你無關了。看起來真是很有道理，實效如何，請看接下來的解說。

3-2 4433，空口無憑的選基金法

最為台灣投資人所熟悉的選基金方法，便是「4433」——每一個數字，分別代表一個篩選條件：

第一個「4」：表示基金一年績效排名在同類型基金前四分之一。

第二個「4」：表示二、三、五年以及今年以來基金績效在同類型基金前四分之一。

第三個「3」：表示六個月基金績效排名在同類型基金前三分之一。

第四個「3」：表示三個月基金績效排名在同類型基金前三分之一。

我們研究一下，這些篩選標準能否指引投資人選出未來表現良好的基金。我們先看第一個標準——「一年績效排名在同類型基金的前四分之一」。我們想要知道，過去一年績效在前四分之一的基金，未來表現如何。

◎ 用歷史檢視第一個「4」的真實性

以下是以台股基金中的「一般股票型基金」為研究對象。基金績效與排名資料來自台大教授李存修與邱顯比所整理的基金績效評比。

我們來看看，一年績效排名前四分之一的基金，到了下一年，有多少百分比能繼續排在前十名。

表 3-4 是近十年台股基金的表現狀況。

▶ 表 3-4　台股基金近十年表現

單位 (%)

年度	2006	2007	2008	2009	2010	2011	2012	2013	2014
下一年留在前 1/4 百分比	17	43	9	30	29	36	42	48	52

譬如表中 2006 一欄，百分比是 17%。意思就是在 2006 這一年，排在前四分之一的基金，到了下一年（2007），只有 17% 繼續留在前四分之一。

表中數字明顯可以看到，除了 2014 這一年排名前四分之一的基金到了 2015 年，可以有 50% 以上仍留在前四分之一，其餘九個年度，百分比從沒超過 50%。

也就是說，特意去選前一年績效排行前四分之一的基金，到了下一年，比較可能掉出前四分之一，而不是繼續留在前四分之一。

這個看起來似乎不怎麼靈光的篩選標準，難道搭配上其他條件之後，就會變得有用嗎？接下來，我們繼續檢視「三年績效在同類型基金前四分之一」這個條件的效力。

◎ 用歷史檢視第二個「4」的真實性

我們來看看，過去三年表現良好的基金，在接下來三年，

是否能維持良好的表現。我將最近三個年度的資料整理如表 3-5：

▶ 表 3-5　台股基金績效排名變化

2008-2010 三年排名前 1/4 基金在 2011-2013 三年排名仍在前 1/4 比率	2009-2011 三年排名前 1/4 基金在 2012-2014 三年排名仍在前 1/4 比率	2010-2012 三年排名前 1/4 基金在 2013-2015 三年排名仍在前 1/4 比率
24%	27%	32%

　　從上表中的第一欄可以看到，在 2008 年初到 2010 年底這三年期間，排名在前四分之一的基金，到了 2011 年初至 2013 年底這三年，只有 24% 可以繼續留在前四分之一。換句話說，有 76% 原先排名在前四分之一的基金，在接下來的三年，會無法留在前四分之一。

　　從這三年的資料來看，4433 的第二條件「三年績效在同類型基金前四分之一」，比較可能會引領投資人選到未來表現落後至後四分之三的基金，而非未來的基金優等生。

◎ 過去的績效不代表未來績效

　　日常生活中，人們看到優秀的體育選手，大多能持續展現優異的成績，會考試的學生大多會持續拿高分，所以很多人便認為，過去有好成績的基金經理人，未來大多可以持續有好成績。

　　直接將生活經驗運用到投資世界，以為在投資時也有一樣的法則可供依靠，是投資心態與方法上的重大風險。

　　以上的資料分析顯示，在投資時「過去表現好，之後將很可能持續表現優異」，這是一廂情願的假設。過去績效對於未來績效幾乎沒有預測能力，這個違背直覺的陳述，在基金世界恐怕才更為貼近事實。

　　4433 選基金法只是一個順從大眾直覺的方法，而不是一個實際有用的法則。讀者朋友會發現，在所有提倡 4433 選基金法的書籍中，幾乎都沒有這個法則有效性的實例驗證。大多只是如頌念經文般地，將這些篩選條件複述一次。

　　投資朋友們，為什麼你要相信一個無法實際證明有效的方法？為什麼提出這個方法的人，從不敢以實例驗證這個方法的有效性？

　　答案，其實再明白不過。

3-3 星級評等會比較有用嗎？

有人問：以「星星的多寡」評量過去基金表現的優劣，是否可以為投資人指出未來表現良好的基金呢？

早有人針對這個問題進行研究。美國最大的基金公司——領航資產管理（Vanguard），在 2010 年 2 月發表的一篇名為〈基金評等與未來表現〉[5] 的研究報告中，試圖回答這個問題。

在這篇文章中，作者分析了 1992 年 6 月至 2009 年 8 月間，所有在晨星基金資料庫中的美國股票型基金，在獲得某一星級評等後，接下來三年的表現。結果如圖 3-1：

圖 3-1 ▶ 星級評等與未來基金表現之關係

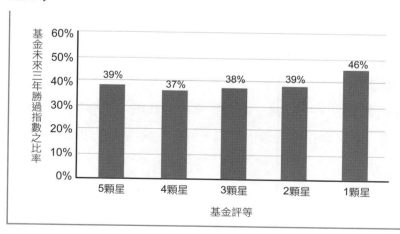

5. Vanguard Investment Counseling & Research, Mutual Fund Ratings and Future Performance, 2010 Feb。

　　這張圖告訴我們，在某一年度得到五顆星評等的基金，在未來三年，只有 39% 能帶來勝過指數的成績。也就是說，有 61% 都被指數擊敗。另外，全部五個星級評等的基金，勝過指數的機會都不超過一半。甚至一顆星基金勝過指數的比率還有 46%，比五顆星基金要高呢！

　　所以假如投資人相信基金過去績效很重要的話，也應該注意一下「以星級評等選基金」這種投資行為的過去績效。

◉ 別用星星多寡做為挑選依據

　　星星是頒給過去的，畢竟基金過去的表現總要有個衡量，而星星為的就是這個目的；星星不是授與未來的，從沒有人敢保證過去的好基金未來仍將維持好表現。晨星公司的基金分析師也相當清楚這個觀點，曾多次在專欄中陳述，投資人不應以星星多寡做為買進指引。

　　但這些星星，常被用於它們原意以外的地方，如基金公司、財經媒體，一直拿星星做文章。雖然他們沒明講，但顯然沒說出口的話是：「只要你買進過去星星很多的基金，未來的好表現就在等著你，投資就是那麼簡單！買我吧！」聰明的投資人會知道，有時候投資的確很簡單，但有時候投資也沒那麼簡單。

3-4 選基金到底為誰忙？

　　表面看來，投資人為了獲取良好的投資績效，當然要付出時間與精力進行研究，努力找到未來最可能表現不凡的基金。有付出的人才會有所得，不是嗎？大多投資人認為挑選基金也是一樣的道理，投資人要費心挑選，未來才會有高超報酬的美好果實。

◉ 拿錢不給餐

　　這一切關於選基金的付出，不都是為了我們自己嗎？既然是為了自己的未來，不就應該努力去做嗎？為了釐清這個問題，且讓我們暫時離開投資世界，進入一個假想情境。

　　有天中午，你來到一家連鎖速食店。推開大門，冷氣夾著炸雞的香氣襲來。一時饑腸轆轆，正想要大快朵頤時，但一眼看去，有左、中、右三個點餐櫃台，要跟哪一個點好呢？中間那位服務生看起來笑容可掬、態度親切。你想，就是他了。於是你走向櫃台，掏出 100 元鈔票說：「三號餐一份外帶。」

　　叮咚一聲，收銀機抽屜滑開，笑容滿面的服務生接過你的鈔票，將它攤平收好，然後繼續看著你笑。你覺得納悶，問道：「我的餐呢？」

　　服務生開口了，「先生抱歉，今天這個櫃台是『拿錢不給

餐」櫃台。我可以收你的錢，但不給你餐點。歡迎再次光臨，祝你下次好運。」

對於這樣的餐廳，你做何感想？你會再去嗎？會不會想控訴它的行徑。現實世界中，這樣做生意的商家，有可能存在嗎？

在你說「不可能」之前，請考慮以下的狀況。大多基金業者，在收取投資人股票型基金 1.5% 經理費，債券型基金 0.75% 經理費之後（還沒計入買基金的手續費），帶給投資人的是遜於指數的報酬。

當投資人付出經理費，希望僱用經理人的選股能力，獲取超越大盤的成績時（就像你掏出錢，希望能買到餐點一樣），投資人卻大多拿到「報酬輸給指數」這個令人失望的結果（就像你遇到拿錢不給餐櫃台一樣）。大多主動型基金，讓投資人花了錢，卻拿不到想要的東西。

◎ 看穿金融業者的心機

在報酬輸給指數的基金占多數的狀況下，投資人仍前仆後繼地買進基金。也就是說，基金業者成功地建立了「拿錢不給餐」的販售模式。究竟怎麼辦到的？這個「奇蹟」是如何達成的？

道理其實很簡單。想想看，假如你明知道這家餐廳的三個櫃台中，有兩個拿錢不給餐櫃台，在什麼狀況下，你會持續光顧這家餐廳？

只有當你以為自己可以辨識出哪幾個櫃台是拿錢不給餐櫃

台時，你才會走進這家餐廳。

所以，當大多主動型基金都將帶給投資人遜於指數的報酬之時，如何誘使投資人買進基金呢？

答案就在於，**讓投資人以為自己能挑出未來表現優異的基金。**

只要讓投資人「以為」自己能挑基金就行了，不必真能挑選出未來表現好的基金（因為這種能力其實也不存在）。

所以，投資人被教導一些挑基金的方法，像是星星、勾勾、4433（或是邊聽 5566 的歌邊選基金也未嘗不可）等一些看似精巧繁複，其實根本沒用的方法。因為「有用」從來就不是這些方法的重點。這些方法的重點，就在於「方法」兩字。**讓投資人以為有方法可以挑基金**，這樣就夠了。

當投資人自以為手上握有方法時，他就會走進有著拿錢不給餐櫃台的餐廳，讓這些餐廳能夠持續開張營業。

更妙的是，這些方法會讓投資人以為他是為自己努力。其實，只要投資人使用這些挑基金的方法，他便是為金融業者在努力。挑選基金的方法，讓績效不如指數的主動型基金（也就是大多數的基金）有繼續存在的空間。只要投資人以為自己能挑選未來表現優異的基金，結果大多卻買到表現遜色的基金，那麼這些各形各色、為數眾多的失敗基金，就得以繼續存在。

「許多主動型基金績效不如大盤？這有什麼關係，重點是你要會挑基金啊。」你還覺得這句話是理所當然嗎？那麼這句話呢──「餐廳有拿錢不給餐櫃台？有什麼關係，你要會選櫃

台啊。」

什麼！還要會挑基金？究竟績效輸給指數是業者的問題，還是投資人的問題？

我們大多會注意到自己的消費者權益，卻太常忽略身為投資人的權益。其實，這些挑選基金的方法，為的是金融業者，而非投資人。

在投資大眾逐漸體會到這些基金篩選法的無用時，倡議這些挑基金方法的大師，便開始文過飾非，說些類似「這些方法只是個起點，投資人還要如此這般，再多用十種篩選條件，才會選到好基金」的話語。

是否在這些大師的想法裡，會走進收錢不給餐的餐廳、會買到績效差的基金，都是投資人的錯、都是投資人不會挑基金。而不是把焦點放在「這世上根本不應有拿錢不給餐這種營運模式」，真是夠了。

基金投資的最大風險之一，就是努力使用其實根本沒用的基金篩選法。投資人會以為自己正為了投資績效努力做著功課，而其實金融業者才是這些方法的最終受益人。

3-5 轉來轉去的責任轉移法

基金投資還有一種很「高明」的方法，叫做基金轉換。說詞通常類似這樣：「基金怎可以長期持有呢？當然要視狀況轉換啊！買進未來表現好的基金，賣掉未來表現不好的基金，才是投資的正道啊。」

表面聽起來真有說服力。可惜的是，就像許多流傳於投資界的話語一樣，膚淺而有害！

基金該換就換？別傻傻分不清。

基金轉換，假如可以達到兩個目的，那將是有益的。

一是適時轉換資產類別。譬如在股市達到高點，就要下挫之際，賣出股票型基金，買進債券或貨幣基金。這會讓投資人躲過下跌，保有之前上漲時的獲利。

另一則是換到同一個資產類別，但表現將更為優異的基金。譬如一樣投資新興市場，你預期現在持有的 A 基金未來恐怕不行了，於是你賣出 A 基金，買進 B 基金。假如未來果真 B 基金表現較好，這就是一個成功的轉換。

前者，是一種適時進出市場的能力。這個能力，從有歷史以來，從未在任何人類身上出現過。這部分在第四堂課，將有更深入的討論。

後者，是一種挑選出未來表現較好的基金的能力。未來的

表現，可以用較長的時間，譬如十年、二十年來衡量。也可以用較短的時間，譬如六個月、一年來計算。而這個轉換策略，常是希望投資人幾個月便進行轉換，而非持有好幾年後才轉換。簡單來說，要預知短期之內，相同資產類別的主動型基金，哪支將有突出的表現，那是幾近不可能的任務。

那麼，為什麼還有那麼多人要提倡「基金轉換法」呢？

老答案，因為這是一個對金融業者非常有利的方法。

首先，這個方法轉移了投資績效不彰的責任。

我們來看個假想情境。

有天你切水果一時失手，在自己的手上劃了一道。你摀著受傷的手來到急診室。開始時一切處理流程順暢明快，從打破傷風疫苗、傷口檢視，到消毒、打麻藥，然後開始縫合，你都很滿意。但就在最後快縫完的時候，你看到醫師一時失神，節沒打緊，傷口有點開開的。當你跟醫護人員反應時，他們回答說：「誰叫你沒有轉院呢？當你看到醫師已經精神不濟了，就要轉院了啊！」

對於這樣的答覆，你做何感想？

假如投資人持有一檔基金，開始時有令人滿意的績效，但當日後績效滑落、不如人意時，投資人會被指責「你就是沒用功，放著不管，沒有轉換，才會落到這種下場。」投資人大多會點頭稱是。

但等到績效不好再賣出基金，有意義嗎？績效不好之後再賣，投資人已經受到不良績效的傷害，而且賣出之後轉到其他

基金，原先的基金會不會就起死回生，讓人扼腕呢？

專業機構應確保客戶在整個過程中都能得到滿意的服務，而非推卸責任，將自己沒有做好的部分，要求客戶去其他地方尋求解答。

主動型基金因為無法持續提供投資人滿意的投資績效（即便是十年，甚至十五年長期年化報酬打敗市場的基金，在這期間也幾乎一定有幾年會輸給指數），所以便搭配「轉換」這種操作手法，將無法得到滿意報酬的責任，從自己身上轉到投資人身上。績效不好，不是基金公司不行，而是投資人沒做功課、不懂轉換。這就是基金轉換法的根本邏輯。

投資人一旦認同這種做法，那便是將基金表現不佳的責任，攬到自己身上。投資為什麼要這麼累？為什麼這些基金公司表現不好，最後的責任居然都是投資人不會挑基金、不懂轉換？而且投資人還甘之如飴？為了別人做牛做馬，就是這些基金投資人的寫照。

基金業者與媒體將「轉換」當成一種操作手法宣傳。文字與說詞之中，或明說或暗示地指稱，因為是「操作」，所以要比較高明、比較懂、比較用功的投資人才會使用。

這些說詞就讓人想到「國王的新衣」。故事裡的裁縫師跟國王說道：「您那麼英明，怎會看不到這件典雅英挺的新衣呢？」業者與媒體跟投資人說：「你那麼睿智用功，怎會不懂使用基金轉換法來賺取高報酬呢？」相信這些話，你就變成那個沒穿衣服的國王。

◎ 沒必要「配合」業者的剝削

基金轉換法除了轉移責任之外，另一個重大功能在於替金融業者帶來收入。在台灣，買基金要付出成交金額某個百分比的手續費。「有買賣，才要付費」，對業者來說，就是「有買賣，才有收入」。

如何鼓勵投資人買賣呢？倡議「轉換」成為一條可行且誘人的路。類似「時時調整」、「持續關注」、「見機轉換」這種說詞，會讓業者看起來像是為了你的資產全意投入的謹慎人士。其實，他們正是為了自己的手續費收入全心投入。

你看過放在一大塊花生糖上，用來刨削出花生粉碎粒的刨刀嗎？刨刀每滑過一次，就刮下可口的花生糖碎屑。看來厚實的花生糖塊，在多次的刨削之後，也將完全消失。

你的資金就是那塊花生糖，而買賣基金收取的手續費，就是那把刨刀。你知道誰在等著吃糖屑嗎？就是那些鼓吹你要轉換進出的人。他們說你將因轉換而致富，但其實在轉換過程中多次滑動的刨刀，將刮出讓他們吃得飽飽的糖屑。

當投資人只能希望自己因轉換而得到報酬時，金融業者可以確定他會因為你的轉換而賺到報酬。

或許，讀者會問，難道完全沒有值得做的基金轉換嗎？

還是有的。在 2006 年，當我將高成本的主動型基金賣出，轉換成指數型基金與 ETF 時，那種永遠離開「拿錢不給餐櫃台」以及脫下國王新衣時的暢快與如釋重負，到今天回想起來，仍是一個最快樂、也是最正確的投資決定。

3-6 依過去績效選基金的陷阱

　　一般基金投資人在選擇基金時，往往以過去績效為最重要的考量。這不僅沒有根據，也會帶來不良的後果。

　　依過去績效選基金的基本假設，在於有能力的經理人，當然會有好的表現。投資人以基金的表現進行篩選後，也認為經理人的好能力將持續帶來好績效。

　　不過，這是一個錯誤的假設。基金績效是能力與運氣的綜合表現。而一年、三年或五年這種短時間的基金績效，可說是運氣比能力來得重要得多。需要證明？投資朋友可以追蹤一下，每年排名前十的基金，在下一年度，能維持在前十名的有幾支？或者，能維持在排名前二分之一的又有幾支？答案很可能會讓你大吃一驚。

◎ 沒有意義的過去績效

　　假如基金績效是一種能力表現的話，你看到的基金排名大風吹的現象，相當於在運動界中，我國男子桌球好手蔣澎龍、莊智淵，在某一年度分別是排名全國前兩名，在下一年度，卻連國手候選資格都拿不到。這在真正靠能力的運動界是幾乎不可能發生的事，但在基金界卻年年都在發生。為什麼？很簡單，因為基金短期績效中的運氣成分相當大。

　　將「主要依靠運氣才達成的表現」當成篩選能力的標準，就像看過去誰曾經簽中大樂透，然後集資請他買彩券一樣，都是不理性的賭運氣行為。

　　況且，依過去績效選基金，也容易讓人重蹈散戶「買高賣低」的宿命。假如投資人買進基金的理由，在於它過去績效良好。那麼當基金表現好，淨值上升之後，你會買進。假如買進之後，基金表現不佳，表現遜於同類基金，或是它投入的資產類別開始走下坡，那你要如何處理？

　　假如買進的理由就是好表現，那當好表現不再時，是不是就應該賣出了？當持有的理由不再時，你如何能持續持有？當別人都在賺的時候，你的基金卻像蝸牛一樣緩步前進，如何能不令人心急？於是最後「高點買進，低點出脫」，就是以基金過去績效來決定該買哪支基金常見的後果。

　　依過去績效選擇基金，無法帶給投資人在低點持續買進的信心，因為低點往往就是績效不彰的時候。假如投資人買進這支基金的理由完全在於績效，那麼當績效不好時，投資人幾乎難以持續持有，更不用說加碼買進了。

3-7 真正有用的選基金法——低成本

　　《漫步華爾街》的作者莫基爾教授（Burton G. Malkiel）曾在書中推薦「5050 選基金法」[6]。

◎ 用 5050 選基金才有效

　　5050 代表兩個簡單的篩選條件。第一個 50 表示基金總開銷比率（Expense ratio）要在 0.50% 以下。基金的總開銷是包含經理費、銀行保管費、律師顧問費以及會計師簽證費等各種費用的總和開銷。這些費用愈低，基金就愈可能有良好的績效。

　　第二個 50 則表示基金年周轉率要在 50% 以下。周轉率代表基金更換持股的頻率。假如一支基金，在一年內將所有的持股全部賣出一遍，又再買進一批新的證券，那麼它的周轉率就是 100%。周轉率愈高，基金花費在證券交易方面的成本就愈多。

　　5050 是一個完全針對基金投資成本的選基金法。除了莫基爾之外，諾貝爾經濟學獎得主威廉・夏普（William Sharpe）也贊同基金成本的重要性。夏普教授曾幫晨星寫了一篇文章[7]，詳細解釋 Alpha、Sharpe ratio 等數值是如何算出的。在文章的開頭，他寫下了這段話：「其他研究和我們初步的結果指出，基金的總開銷和周轉率，比起任何一個過去績效數值，對

6. 「A Random Walk Down Wall Street」，2015 年版，第 401 頁，The 50-50 Rule。
7. Morningstar's Performance Measures，全文可於以下網址尋得：http://www.stanford.edu/~wfsharpe/art/stars/stars1.htm

基金未來表現有更好的預測性。」（Other studies and our very tentative results suggest that a fund's expense and turnover are likely to better predict its future net performance than any single measure of its past performance.）

　　與其參考過去績效，投資人應更留意基金的內扣成本。內扣成本愈小的基金，未來愈容易有好表現。這才是買基金最該注意的事。

　　為什麼要針對基金成本？因為早已有許多資料顯示，基金成本對基金績效有重大影響。我們先來看一個美國基金業的統計資料[8]，詳見圖 3-2。

圖 3-2　基金績效與總開銷

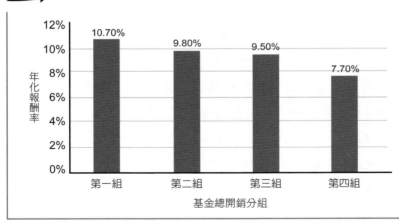

　　上圖統計的是至 2003 年 11 月為止的十年期間，美國股票型基金的年化報酬率。在圖中，基金依其總開銷的高低，分為一到四組。第一組的總開銷最低，第四組的總開銷最高。圖中

---

8. 資料來源為約翰‧伯格 2004 年演說「As The Index Fund Moves from Heresy to Dogma…What More Do We Need to Know?」

可以明顯看到的趨勢是，費用愈高的基金，表現愈差——第四組基金的平均表現是 7.7%，與第一組的差距達 3%。也就是說，費用最高的第四組基金平均年化報酬落後費用最低的基金達 28%[9]。

這差別有多大？想想看：10.7% 的年化報酬率經過十年的時間，可讓 1 萬元的初始投資成長為 2 萬 7,636 元，累積報酬率 176%。7.7% 的年化報酬累積十年，則只能讓 1 萬元的初始投資成長為 2 萬 997 元，累積報酬 110%。累積報酬方面 66% 的差距，就是 3% 的年化報酬差異十年下來所造成的差異。藉由「注意基金成本」這個簡單的動作，就可以避免自己落入績效大幅落後的窘境。

這是美國的資料，那台灣基金業的狀況又是如何呢？

選優質基金先著眼低成本

我們可以用「迴歸分析」這個統計方法來分析一下，台股基金的總開銷與其績效之間的關係。以下簡單介紹這個方法。（假如讀者已經知道這個方法或不感興趣，可以直接跳過到結果部分。）

簡單地說，迴歸分析是要探討兩組數量之間的關係。譬如我有一個假設是，夏天氣溫愈高，中暑的人就會愈多。那要怎麼驗證這兩者的關係呢？

在「溫度愈高，中暑的人愈多」這個陳述中，「溫度」是決定中暑人數的一個因子。我們試想溫度每升高一度，中暑的

9. 3÷10.7=28%

人是增加、持平、還是減少，就可以用迴歸分析來研究溫度與中暑人數的關係。

譬如你可以收集台灣夏季 90 天的每日平均氣溫，和這 90 天中，每天全台灣醫院急診的中暑案例數量，那麼你就有 90 組資料可以進行分析。

在迴歸分析之後，會得到一個算式。譬如 $Y=2X-3$（Y 是中暑人數，X 是氣溫），那麼你或許可以說，當天平均氣溫每升高一度，就會多 2 個人中暑。

在知道這個簡單的範例後，我們回到基金的費用與績效的關係。我們想要知道的是，基金總開銷比每多 1%，基金績效是會增加、持平或是減少。我們也用迴歸分析算出一個算式，$Y=aX+b$，看看基金內扣費用與績效間，是呈現怎樣的關係。

在投信投顧公會網站（www.sitca.org.tw）上，可以查到台股基金的總開銷比率（Expense ratio）。以下基金績效資料則來自台大財金系邱顯比與李存修兩位教授的基金績效評比表（可在投信投顧公會網站上查詢得到）。

我們先來看 2009 年的資料。

圖 3-3 ▶ 2009 年台股基金績效與費用關係圖

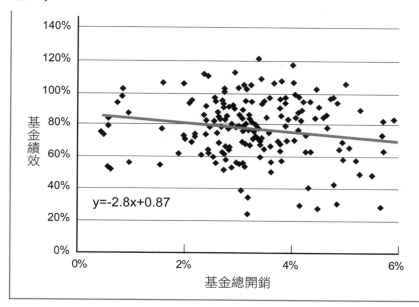

在 2009 年共分析了 181 支台股基金。圖 3-3 中每一個點，就代表一支基金[10]。圖中的粗灰線代表的是迴歸趨勢線，這條線的算式是 Y=-2.8X+0.87（Y 是基金績效，X 是基金總開銷）。這個算式代表的是，就 2009 年這 181 支基金的表現來看，基金總開銷每增加 1%，基金績效就會滑落 2.8%。也就是說，基金投資人每多花一分費用，就少掉一分報酬。

在這張圖中，灰色的趨勢線看起來是平緩的向右下延伸，但這其實是 XY 軸採用不同刻度間距的關係（Y 軸是以 20% 為間隔，但 X 軸是以 2% 為間隔單位）。-2.8 的斜率，其實是陡峭地向右下急降。

10. 有支基金在 2009 年的總開銷高達 12.34%，並未出現在圖中，但資料有納入迴歸計算分析。

　　假如在這年，基金投資人都不付出任何成本，也就是 X 為
0，那麼他可以拿到多少的績效呢？從 Y=-2.8X+0.87 可以得知，
當 X 為 0 時，Y 為 87%。在 2009 年，計入配息的加權股價報
酬指數的報酬率是 83.34%，相當接近 87% 這個數值。

　　也就是說，假如投資人不需付出任何成本，在這場基金的
遊戲之中，他才能保有最大的報酬。

　　只有 2009 年是這樣嗎？我們再多看一年，也就是 2008 年
的資料。

圖 3-4 2008 年台股基金績效與費用關係圖

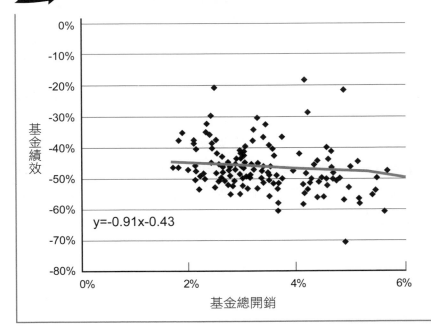

這一年的資料包含了 165 支台股基金。迴歸趨勢線公式為 $Y=-0.91X-0.43$。也就是說，在這一年，基金總開銷每高 1%，就會讓基金績效少 0.91%。在 2008 年這個下跌的年度，仍然是基金費用愈高，表現就會愈差。

假如在這年，基金投資人沒有付出任何成本，X 為 0 的話，那麼他可以拿到 -43% 的成績。對比 2008 年加權股價報酬指數的報酬率是 -43.07%，真是相當貼切的估算。

與之前成效飄忽不定，似乎很難有好結果的 4433 選基金法則比起來，依據基金的總開銷來選基金，才是真的不分台灣與國際，不論上漲與下跌的年度，都通用而且有效的選基金法。假如你想要買到績效優良的基金，那麼請先從費用低廉的基金著手。

最後引述領航資產管理公司（Vanguard）創辦人，也是指數化投資教父——約翰・柏格所說的一句話：「假如投資人只能依靠一個標準來挑選未來表現優越的基金，避開未來績效不彰的基金，那麼這個標準就是基金費用。」（If investors could rely on only a single factor to select future superior performers and to avoid future inferior performers, it would be fund costs.）

3-8 面對投資成本的正確態度

颱風天，風強雨急，泡麵已經吃膩了，身為一家之主的你，決定外出覓食，替家人買些好吃的。

一小時後，你回家了。熱騰騰的大披薩在餐桌上打開，家人吃得津津有味。你高興地看著他們吃。想說自己也還不餓，就等他們吃夠後再吃吧。

對家人的關愛，常讓我們願意讓他們先吃，自己再吃剩下的。但很多人的慷慨與關愛，已經寬厚到令人無法想像的地步。

是在哪方面有那麼誇張的行為呢？

就是**投資**的時候。

在投資的時候，投資人讓別人**先吃**。哪些人先吃呢？讓證券商、讓基金公司、讓行銷通路、讓政府先吃。讓他們先拿走交易佣金、基金管理費、銷售佣金、稅款，等他們拿夠吃飽了，投資人才**吃剩下的投資報酬**。

而這份投資報酬是哪來的呢？就像你在颱風天出門，冒著被落下招牌擊中與行經下一條斷橋的危險，冒險買回家的披薩。「投資報酬」是用投資人的資本，也就是你的錢，冒險得來的。

就像你拿回家的披薩就是那麼大塊一樣，金融市場每年所產出的報酬是一個定量，愈多人拿起一片披薩先行享用，剩下給你的就更少了。

　　而身為投資人最悲慘的一點是，投資一定要成本、絕對有課稅，所以投資人一定是吃剩下的。

　　假如身為投資人的你能體認到自己是吃剩下的人，也能體認到報酬是用你的錢冒險得來的，你會知道要用什麼態度去面對那些拿餅的大手。

　　那就是，把它斬掉！

◎ 投資就是要計較

　　愈少人跟你分享投資的成果愈好。假如無法完全避免，也要把它減低到最小程度。

　　畢竟這些金融業者，非親非故，也沒有放在所得稅申報書的扶養人一欄，為什麼要對他們那麼寬厚？

　　投資人間常有種說法，「與其注重那 1% 的費用，不如費心增加報酬。」

　　表面看起來真有道理。但是，你要怎麼增加報酬？假如某年某股票市場產生的報酬是 500 億，你要如何把它變大？市場是有愈多人參與、愈努力研究，報酬就會愈多嗎？果真如此的話，我有個解決失業的好辦法，那就是請成千上萬的失業人口，統統去參與股票市場，成天努力研究分析，看看能賺的錢會不會變多？

　　餅就是那麼大塊，市場報酬就是那麼多。任何在費用與稅務方面的損失，都是無法彌補、不可再生的損失。

　　整體投資人在佣金方面多支出 1% 的費用，那麼他們整體

必然少掉 1% 的報酬。絕對沒有任何方法可以彌補這 1% 的損失。這是永久的資產割讓。

會說出「與其注重那 1% 的費用，不如費心增加報酬」的人，往往還沒體認到身為投資人一定是吃剩的殘酷事實。那些大手的主人，一定很高興。這樣一個乖乖把餅分給他們吃，還搞不清楚狀況的投資人，不正是揩油的最佳對象嗎？

或者，說這種話的人，正是金融業者？

投資朋友們，請體認到「自己是拿剩下的報酬」這個事實，甚至沒有報酬時，這些「先拿的人」，還可以把手伸到你的褲袋中，從你的本金中撈錢。我不覺得他們是朋友，更不覺得有必要待他們如家人。我會嚴格監管到底有哪些人在跟我分食大餅，而且毫不留情地對待他們。至少有一點是後拿的投資人所能決定的——我們可以 100% 掌控投資成本的多寡。

有很多投資人很奇怪，在家裡披薩快被吃光時，還會凶巴巴地大喊：「都不會留給我喔！」但投資時的態度卻是「1% 的費用？沒關係，錢你拿去吧。」

不要用矛盾的態度處理本質相同的問題。

3-9 基金公司不想告訴你的事

在前述分析中，「台股基金績效」與「基金內扣成本」在兩個年度都呈負向的關係。Y=-0.91X-0.43 與 Y=-2.8X+0.87 這兩個算式，除了代表基金費用愈高，表現愈差之外，它還代表了一個被太多人忽略的事實。那就是，這 100 多支基金，它們的經理人以及所屬基金公司的努力，整體來說，並無法為投資人帶來更好的報酬。

X 前面的負號係數，代表只要基金一有成本，它的績效就將踏上滑落的趨勢線。也就是說，基金投資人付出的費用，無法讓他們得到更高的報酬、基金經理人無法為投資人帶來更好的績效。假如經理人收取 1% 的費用，可以創造出大於 1% 的績效，那麼 X 前方的係數會是正的。但很明顯地，事實並非如此。

「投資人付出愈多的費用，就會拿到愈差的成績。」這個投資經驗與我們日常生活經驗完全不同。平時假如我們有更多的錢，買水果可以買到更多更好的水果，上館子可以吃更多更好的菜，只要我們花愈多錢，就可以買到愈多、愈好的東西。但投資不是。

◎「壓低成本」才是獲利之道

因為市場整體所能帶來的報酬是一個定值，投資人假如花

費愈多成本、愈多費用去獲取這個報酬，那麼他一定會拿到愈差的績效。假設某年某個市場產生了 100 億的報酬，投資人花費 10 億的投資成本，那麼他們就會拿到 100 億減 10 億，等於 90 億的報酬。假如投資人支出 50 億的投資成本，就會只剩下 50 億的報酬。不管這個市場是股票市場還是債券市場、不管這個市場是在亞洲或是歐美，這個簡單的算術通則都一定適用。市場絕不是有愈多人研究、花愈多費用，就會生出愈大的報酬。

同樣的道理也適用於基金投資。整體來說，只要投資人在基金方面花費愈多費用，績效就會落後市場愈多。

一般來說，我們都以整體觀來處理事情。譬如我們知道，假如長期攝取高油高鹽飲食，那麼罹患心血管疾病的機會就會增加。時間愈長、攝取量愈大，風險就愈高。所以為了身體健康著想，我們應注意油脂與鹽分的攝取。

投資時的整體觀則是，假如花費愈高的投資成本，那麼報酬低落的機會就會增加。所以為了財務健康著想，投資人應將投資成本壓低。

但是金融界不會鼓勵你這麼做。因為投資人的支出，就是他們的收入。為了「證明」他們所收取的費用仍有其價值，他們捨棄整體觀，改以「例子」來進行說明。最常見的說詞就是，「你看這支基金雖然也是收取高達 1.5% 的經理費，但它帶來了打敗大盤的報酬，花這些錢仍是值得的。」他們鼓勵投資人研究一支支表現良好的個案，卻不告訴投資人整體基金的表現狀況。

這種行為，就像一位醫師指著一位高齡 90、身材臃腫的人對你說：「你知道嗎？他吃了一輩子的高油高鹽飲食，還不是好好地活到 90 歲，沒有心臟病也沒有腦中風，所以飲食不健康也沒關係啦！」你會做何感想？

一定有人過著不健康的生活，卻仍得享高齡、身體安康；也一定會有些收取高額費用的基金，拿到耀眼的報酬。但假如你有整體觀，你應該從大方向著手，而非期待自己成為特例。你應該注意飲食，並知道這樣才有機會保有健康的身體，而非大魚大肉，然後期望自己成為少數的特例。身為投資人的你，也應該注意投資成本，並知道這樣才有機會獲取較高的報酬，而不是在高成本基金之間挑選，期望自己成為那個拿到高報酬的少數例外。

至於基金業者與相關業界人士，為什麼會一直在某些基金的績效上做文章，並據此發展出一套挑選基金的方法，卻幾乎沒有人提到基金成本對績效的負面影響？理由其實再簡單不過──投資人付出的費用，正是他們的收入啊！有人會想要降低自身收入的嗎？

一本書學識投資
(The Little Book of Common Sense Investing)

利用短期、長期過去績效，以及利用他人建議來挑選基金的不良後果，可以參考約翰‧柏格所寫的《一本書學識投資》（The Little Book of Common Sense Investing），書中分別以獨立章節解釋這些選基金方法的效果。

3-10 基金內扣費用哪裡查？

　　既然基金內扣費用那麼重要，但業者卻因為怕投資人注意到這個問題，鮮少公開陳列與比較基金費用，那麼身為投資人的我們，如何查詢到這些資料呢？在此分幾個步驟來說明：

境內基金費用查詢

⊚ STEP 1

　　台灣本地基金業者所發行的基金相關資訊，可至投信投顧公會網站尋得（http://www.sitca.org.tw/）。進入網頁後，點選上方欄位的「統計資料」，再選「境內基金各項資料」，然後選擇「明細資料」。參見圖 3-5：

▶ 圖 3-5　境內基金費用查詢 01

在接下來出現的畫面中，點選「基金資料彙總」中的「各項費用比率」，如圖 3-6。

⊙ STEP 2

一般看基金內扣的總開銷時，是看全年的資料，我們就選最近的一個完整年度，也就是2015 年，然後在「月 / 季 / 年」一欄，點選「全年」。如圖 3-7。（這個系統也可以查詢單一月份，以及分季的總開銷。）

圖 3-6 境內基金費用查詢 02

基金資料彙總

* 資料更新：每月第10個營業日
<u>基金資料彙總表-明細 (月)</u>
<u>基金資料彙總表-明細 (年)</u>
<u>公司別/類型別/計價幣別 (月)</u>
<u>公司別/類型別/計價幣別 (年)</u>
<u>類型別-與上月比較</u>
<u>公司別-與上月比較</u>
* 資料更新：每月第10個營業日
<u>各項費用比率 (月、季、年)</u>
<u>與券商交易情形 (月、季、年)</u>

圖 3-7 境內基金費用查詢 03

各項費用比率 (月、季、年)

年 2015 年 ▼	月/季/年 全年 ▼	
公司 所有公司　　　▼	基金 所有基金　　　▼	查詢

先選年度，再選期間

⊙ STEP 3

接著選擇你要查詢的基金公司以及基金名稱，就可以找到各項費用支出。這裡以群益投信的馬拉松基金為例，如圖 3-8：

圖 3-8 境內基金費用查詢 04

			交易直接成本(A = a1 + a2)				會計帳列之費用(B = b1 + b2 + b3 + b4)								合計(= A + B)	
類型代碼	基金統編	基金名稱	手續費(a1)		交易稅(a2)		經理費(b1)		保管費(b2)		保證費(b3)		其他項費用(b4)				
			累積金額	比率	累積金額	比率	累積金額	比率	累積金額	比率	累積金額	比率	累積金額	比率	累積金額	比率
AA1	97984293	群益馬拉松基金	19,792,360	0.23%	29,677,581	0.34%	139,520,189	1.61%	12,208,021	0.14%	0	0.00%	285,045	0.00%	201,483,196	2.32%

一般投資人常忽略　　　　一般投資人知道　　　　　　　　　　這就是總開銷

一般投資人會注意到的內扣費用是「經理費」和「保管費」（其實還是有很多人將之忽略），卻沒注意到基金買賣證券所要付出的手續費與證券交易稅。譬如這支基金在 2015 年就分別有 1,900 多萬和 2,900 多萬的手續費和稅務支出，這些可觀的支出其實都是基金投資人的錢。最後一欄的數字 2.32%，就是這支基金在 2015 全年的內扣總開銷。

境外基金費用查詢

境外基金的內扣費用資料，可至台灣晨星網站查詢（http://www.tw.morningstar.com/）。先找到你要查詢的基金，然後點選左欄的「費用」，就可以找到「總開支比率」這個數字。如圖 3-9：

譬如圖 3-9 用做範例的聯博全球高收益債券基金 AA 級別，總開支比率就高達 1.83%。

圖 3-9　境外基金費用查詢

摘要	聯博-全球高收益債券基金AA(穩定月配)級別美元		
圖表	費用及支出		2016-02-08
總回報率	**銷售費用(最高)**	每年收費	
投資組合	銷售費(最高)	-	管理費(最高)	1.70 %
風險評估	遞延費	-	總開支比率	1.83 %
基金管理	贖回費	-		
費用	轉換費	-		

3-11 台灣境外基金的重大缺失 ——有佣基金與影子基金

根據投信投顧公會資料，至 2016 年 1 月底，台灣已經引進 77 家境外基金公司的 1,026 檔基金，國人投資總額達新台幣 2 兆 9,543 億元。這些形形色色的境外基金，形成國人投資外國股債市等金融市場的管道。

但是這些在台灣販售的境外基金，普遍存有兩個共同缺點。

◎ 有佣基金（Load fund）

解釋什麼是「有佣」與「免佣」之前，必須先了解「手續費」的定義。

國人已經非常習慣在買基金時付出「手續費」，而這些手續費是以成交金額的百分比計算。譬如股票型基金是 3%，債券型基金是 1.5%。一般多會有打折。但是，到底什麼是手續費？

譬如透過超商訂購高鐵車票時，不論你買的是台北到高雄一張要價近 1,500 元的車票，還是台北到桃園一張只要 160 元的車票，你每買一張票，超商就收 10 元。這種依手續的次數計算，而非以成交金額百分比計算的，才是真正的手續費。

反觀在買賣房子時，付給仲介成交金額某一百分比的費用做為酬勞，或在買賣股票時，付給券商成交金額某一百分比的費用，這些以成交金額百分比計算的費用，正確的名稱叫做「佣

金」。

想想看，一次買 10 萬元的基金與 100 萬元的基金，後者不過是多打一個零，難道會對行銷機構形成十倍的作業負擔嗎？多打一個零，就可以收十倍的費用。這種費用，不是手續費，是佣金。

所以在台灣販售的境外基金，幾乎全部都需要在買進時付出佣金[11]，這種需要佣金的基金，叫做「有佣基金」。

問題是，基金世界是否只存在有佣基金？答案是否定的。有種基金叫做「免佣基金」，這種基金不論是買進或是賣出，投資人都不用付出一分一毫的佣金。你投入 1 萬元去買基金，你就會有淨值 1 萬元的基金，你不用再付出百分之幾的佣金，一塊錢都不用。

免佣基金是設計上本身就不收任何佣金。不是因為基金公司推廣、行銷通路促銷，所以才在某段期間減免佣金。免佣基金永遠都是 0% 佣金。

投資朋友請回想一下，在台灣，你有看過哪支境外基金是永遠 0% 佣金的嗎？在台灣這 1,000 多支境外基金裡，有哪一支是免佣基金？

看來免佣基金相當少見囉？我們來看一下基金業發展已久的美國的狀況。表 3-6 是 2007~2014 年間，各單一年度，美國投資人買進的基金類別資料[12]。

---

11. B 股基金雖然表面看起來佣金是在賣出時付出，而且持有滿幾年之後就不用再付出佣金了，但它其實是利用更高的內扣費用，將佣金完全收足。
12. 資料來源為 2015 Investment Company Factbook。

▶ 表 3-6　2007-2014 美國基金投資人投入與贖回金額

單位 (10 億美元)

	2007	2008	2009	2010	2011	2012	2013	2014
有佣基金	-2	-156	9	-62	-129	-77	-63	-175
免佣基金	165	-73	324	265	170	300	265	341

在 2014 年，美國投資人共贖回 1,750 億美元的有佣基金，買進 3,410 億美元的免佣基金。在 2007~2014 年這八年期間，除了 2009 年，每一年有佣基金都呈現資產流出。同期間，免佣基金只有 2008 年是資產流出，其餘七年都是資產流入。

換句話說，在美國，免佣基金早已是大多基金投資人的選擇。

難道這些跨國發展的境外基金公司會不知道免佣基金在美國盛行的情形嗎？他們為什麼不約而同地，引進一支又一支有佣基金來台灣？全部 1,000 多支境外基金，連一支免佣基金都沒有，是一種存心的刻意，還是偶然的巧合？

假如台灣也有免佣基金的話，我相信免佣基金也將是大多投資人的選擇。但問題是，台灣的免佣基金在哪裡？境外基金公司與代銷機構，讓台灣的投資人無從選擇。

這些專業金融機構，雖然知道免佣與有佣基金的同時存在，卻刻意只將有佣基金引進台灣。他們口口聲聲說為投資人服務、為投資人設想，但這種行為明白表示，他們心中最在意的，其實是他們的費用收入。

有佣基金，讓台灣基金投資人輸在起跑線上。買進 10 萬元

的基金投資，假如付出 1.5%，也就是 1,500 元的佣金，投資人損失的不僅是這 1,500 元而已，他還損失了這 1,500 元日後投入金融市場為他帶來收益的機會。

當平均收入比我們高出許多的美國人可以方便地選擇免佣基金時，台灣投資人為什麼還要比較跟哪個通路買基金，可以有比較多「手續費」折扣呢？這是怎樣的基金投資環境？

◎ 影子基金（Clone Fund）

除了缺乏免佣基金之外，在台灣販售的境外基金另一個重大缺點便是「影子基金」。

什麼是影子基金？我們直接看一個例子。以下是「兩支」基金的基本資料。

第一支是貝萊德環球資產配置基金，英文名稱為 BlackRock Global Funds—Global Allocation A2 USD[13]。註冊地是盧森堡，1997 年成立。

第二支是 BlackRock Global Allocation A，它是一支在美國註冊行銷的基金，沒有中文名字，成立於 1989 年。

負責這兩支基金的資產管理公司都是貝萊德（BlackRock），基金經理人都是施達文（Dennis Stattman）。

表 3-7 是這兩支基金最近投資組合中的前十大持股[14]：

13. 該基金有不同股別，為了便於比較，選用美元計價的 A2 股別。
14. 盧森堡基金持股資料來自台灣晨星網站（www.tw.morningstar.com），資料時間為 2015 年 12 月 31 日。美國基金資料則來自美國晨星網站（www.morningstar.com），資料時間為 2015 年 10 月 31 日。

▶ 表 3-7　兩支基金的前十大持股情況

貝萊德環球資產配置基金 （盧森堡）	BlackRock Global Allocation A （美國）
2% 美國公債	2% 美國公債
2% 英國公債	2% 英國公債
2.125% 美國公債	2.125% 美國公債
Alphabet 控股	Alphabet 控股
馬拉松石油	馬拉松石油
6.5% 墨西哥公債	奇異
蘋果電腦	0.375% 美國抗通膨公債
1.75% 美國公債	6.5% 墨西哥公債
1.875% 美國公債	1.75% 美國公債
富國銀行	蘋果電腦

　　以粗字表示的是相同的持股。前十大持股中有八個雷同，而這兩支基金持股的資料時間，其實有二個月的時間差。

　　各位不妨想一想：兩支隸屬同一資產管理公司、經理人是同一位、基金名稱都叫環球資產配置（Global Allocation）的基金，難道會是用不同的策略與觀點投資嗎？這份投資組合前十大持股對照表，說明了這兩支基金依據的是相同的投資策略。

　　所以這表示相同的策略會帶來類似的報酬囉？請先看表3-8，這是美國與盧森堡註冊的環球資產配置基金近十年的表現[15]：

15. 資料來源為台灣晨星網頁與美國晨星網頁。

▶ 表 3-8　美國與盧森堡註冊的環球資產配置基金近十年表現

單位 (%)

		2006	2007	2008	2009	2010	2011	2012	2013	2014	2015
(1)	盧森堡基金	14.28	15.16	-22.89	22.23	8.51	-4.31	8.02	13.98	1.6	-2.27
(2)	美國基金	15.94	16.71	-20.56	21.64	9.85	-3.17	10.01	14.43	1.87	-1.05
(1) — (2)		-1.66	-1.55	-2.33	0.59	-1.34	-1.14	-1.99	-0.45	-0.27	-1.22

　　盧森堡註冊的環球資產配置基金，除了在 2009 年勝過美國註冊基金之外，其餘九年，皆落後美國註冊的環球資產配置基金。落後幅度最少 0.27%，最高可達 2.33%。

　　這十年期間，盧森堡註冊基金的累積報酬為 57.5%，美國註冊基金的累積報酬則是 76.5%。盧森堡基金落後 19%。

　　為什麼會有這樣的差異？

　　答案就在於「投資成本」。盧森堡基金的經理費是 1.5%，加計其他費用後，總開銷是 1.78%。美國基金的經理費是 0.75%，總開銷是 1.14%。在相同投資策略下，盧森堡註冊基金的投資成本高過美國註冊基金，所以當然會帶來比較差的績效。

　　問題是，基金公司為什麼不引進美國註冊基金，反而要在盧森堡另外成立一家公司，複製投資策略，然後再銷售至其他國家。

　　答案很簡單。想想看，假如你可以用 200 元賣出你的產品，你會用 100 元賣嗎？美國註冊的環球資產配置基金經理費是 0.75%，盧森堡註冊的環球資產配置基金經理費是 1.5%。一

樣是管理 1 億元的基金資產，1.5% 的經理費可以為基金公司帶來 150 萬的收入，是 0.75% 經理費所能帶來收入的兩倍。假如收費 1.5% 的基金可以賣得出去，那為什麼要拿 0.75% 的基金出來賣呢？

但請問投資朋友們，為什麼我們就只能買費用較高、表現卻較差的基金？為什麼我們不能買十年累積報酬較佳的環球資產配置基金？

這些基金公司以不同的標準對待不同國家的投資人——在美國基金業競爭激烈的環境，就以較低的費用，讓基金可以有較突出的表現；對於其他國家的投資人，則以較高收費的基金，替公司帶來較多的財源。

投資朋友們，假如你甘於如此被人對待，那可以保證的是，這些基金公司一定會繼續這種行徑。

只有這支基金這樣嗎？我們再看一個例子。

前幾年，富蘭克林坦伯頓全球債券基金以其優異的績效，吸引了許多投資人的注意。在台灣銷售的，是註冊在盧森堡的富蘭克林坦伯頓全球債券基金，英文名稱為 Templeton Global Bond Fund，經理人是麥可・哈森泰博（Michael Hasenstab）。

富蘭克林坦伯頓這家基金公司，有另外一支名稱也同樣是 Templeton Global Bond Fund 的美國註冊基金，經理人也是麥可・哈森泰博。我們來比較一下這兩支基金。

表 3-9 是這兩支基金的前十大持股 [16]：

---

16. 盧森堡基金持股資料來自富坦基金月報，資料時間為 2016 年 2 月 29 日。美國基金資料則來自美國晨星網站（www.morningstar.com），資料時間為 2016 年 2 月 29 日。

▶ 表 3-9　兩支基金的前十大持股情況

富蘭克林坦伯頓全球債券基金 （盧森堡）	Templeton Global Bond Fund （美國）
5% 墨西哥公債	7.75% 墨西哥公債
3.394% 馬來西亞公債	8.5% 墨西哥公債
6.375% 匈牙利公債	**10% 巴西公債**
2.46% 韓國公債	巴西分割公債
3.0% 韓國公債	**7.25% 墨西哥公債**
10% 巴西公債	3.875% 葡萄牙公債
2.07% 韓國公債	**8.375% 印尼公債**
7.25% 墨西哥公債	10% 巴西公債
巴西分割公債	**6.375% 匈牙利公債**
8.375% 印尼公債	2.75% 韓國公債

　　表中粗字表示相同的持股。我們可以看到，前十大持股幾乎都一樣在投資巴西、墨西哥、韓國和印尼這幾個國家的債券。其實可以簡單地想一下，同一家基金公司、同一位經理人操盤、名字相同的兩支基金，難道會根據不同的策略進行投資嗎？

　　到底這兩支基金的績效是否相似呢？表 3-10 是美國與盧森堡註冊的全球債券基金近十年的表現[17]：

17. 資料來源為富蘭克林坦伯頓基金公司網站與美國晨星，比較的同是美元計價的基金股別。

▶ 表 3-10　美國與盧森堡註冊的全球債券基金近十年表現

單位 (%)

		2006	2007	2008	2009	2010	2011	2012	2013	2014	2015
(1)	盧森堡基金	13.08	10.91	7.36	18.80	11.66	-3.14	16.35	1.21	1.15	-5.43
(2)	美國基金	13.51	10.86	6.28	18.86	12.68	-2.37	15.81	2.22	1.58	-4.26
(1) — (2)		-0.43	0.05	1.08	-0.06	-1.02	-0.77	0.54	-1.01	-0.43	-1.17

　　在這十年間，盧森堡基金除了在 2007、2008 與 2012 曾經有過較高的成績之外，其餘七年，全都輸給美國基金。

　　而且在這十年期間，盧森堡註冊基金的累積報酬為 94.9%，美國註冊基金的累積報酬則是 101.3%。盧森堡基金落後 6.4%。

　　這個差距，又再一次地可以以「投資成本的差距」來解釋：美國註冊的全球債券基金的內扣總開銷是 0.89%，盧森堡註冊基金的內扣總開銷則是 1.40%[18]。

　　有趣的是，一家基金公司若同時有盧森堡與美國註冊基金，美國基金幾乎毫無例外地會有較佳的表現與較低的費用。而台灣投資人所能買到的，也幾乎毫無例外地，都是費用較貴，且表現較差的盧森堡註冊基金。

　　假如盧森堡和美國註冊基金讓你選，你會買哪支？這些基金公司為什麼不願將美國註冊基金引進台灣 [19]？

　　不論貝萊德或是富蘭克林坦伯頓，都是全球知名的資產管

18. 資料來源分別為美國晨星與台灣晨星網頁。
19. 為什麼基金公司引進盧森堡註冊基金，而不是美國註冊基金，有人的解釋是因為盧森堡等地，是所謂的免稅天堂，對基金投資人來說，是較友善的稅務環境。這是一個錯誤的解釋。註冊在盧森堡的基金，在投資其他國家時，仍會被該國課稅。譬如註冊在盧森堡，投資美國股市的基金，就一樣會被美國政府課稅。盧森堡基金拿到的，仍是稅後收益。

理公司，我們打個比方。假如有個米其林三星大廚，開了兩家比鄰而立的餐廳，且兩家都由他擔任主廚。但不知怎樣，或許是風水不好、或許是火爐有點瑕疵，其中一家煮出來的風味就是差一截。而這個菜色差一截的餐廳，價位還比較高。大廚還規定說：「嗯！價格較低、品質較好的餐廳，只有美國人可以進去。台灣人只能去風味較差、價格較高的餐廳。」

請問，你會對這位米其林大廚有什麼評價？光是這種大小眼的差別待遇，就不值得身為顧客的你給予任何眷顧。

在基金界，我們也看到一樣的狀況。假如基金公司賣這些較貴、而且表現更差的基金還賣得出去，那他們是不會改進的。

假如你、或任何其他投資人，甘願被當次等客戶對待，那就怨不得別人給你次等的對待。

國際基金公司大量引進盧森堡等地註冊的影子基金，卻將收費更低、表現更好的基金留在美國販售。這種對台灣投資人銷售次等產品的行為，值得你嚴正關切與注意。

◎ 台灣基金界不能說的秘密

面對「影子基金」與「有佣基金」這兩個問題，有兩個解決方法：

第一個方法是**等待**——等待台灣的基金業者，引進費用更低、績效更好的美國本土註冊基金以及免佣基金；第二個方法是，**投資人主動將資金移往可以買到免佣基金與低成本基金的市場**。

這些年來，台灣引進了愈來愈多的境外基金，但很不幸地，大多是內扣費用高昂的基金；我也看到了基金公司有時會舉辦買基金免手續費的活動，但這往往是一種促銷手段，而非基金本身就是免佣基金。

與其消極、被動地等待基金業者端出牛肉，不如直接前往牛肉的所在地。目前，全球金融業最發達、投資工具選擇最多的市場，就是美國。台灣投資人可以以國際投資人的身分，直接向美國券商開立交易帳戶[20]。一旦持有美國券商帳戶後，在美國掛牌交易的上千支 ETF 與數千支基金[21]，全都在你可以選用的工具之列。

當然，台灣仍是投資朋友最熟悉的環境。在這裡買基金，只要你到銀行，服務貼心的專員會為你準備好所有需要填寫的表格，跟你講述所有細節與步驟。你看得到的銀行與人員，更讓你不自禁地產生一種安全感。

相較之下，開立美國券商戶頭則是一種 DIY 的過程。投資人往往要自行比較，然後選擇開戶的券商，並且填寫開戶相關表格寄到美國以完成開戶。這些工作，不會有笑容可掬、態度親切的專員陪你完成。而且投資人還必須了解與查證美國券商的合法性，才能對這家券商有信賴感[22]。表面看起來，這是一個比較難令人安心的投資管道。

但我們可以換個角度想想。假如你是一個瑞士的投資人，

---

20. 台灣投資人不必為了開立美國券商帳戶特地前往美國。在台灣當地，透過網路傳送或郵寄開戶資料，就可以完成開戶。詳細過程可參考綠角著作《綠角教你前進美國券商》。

21. 根據 2015 Investment Company Factbook，美國共有 9,260 支開放式共同基金與 1,451 支 ETF。以國際投資人身分開立美國券商帳戶，可以交易買賣所有的 ETF，但部分美國基金公司可能會拒絕出售旗下基金給外國投資人。

22. 要查證與研究美國券商，其實只要連上網路點幾下就能完成。詳細方法，可以參考綠角著作《股海勝經》第十九章「海外券商開戶」。

你想要開立海外的投資帳戶。你覺得在美國開戶，和在台灣開戶，哪個比較安全呢？

答案其實很明顯。

只要做好功課（把花在比較基金績效的無謂精力，挪一點過來就可以了），美國券商其實是一個相當好用、而且可以信賴的投資管道。

況且，美國的低成本指數化投資工具，可以帶來龐大的成本節約。換句話說，就是可以減低虧損，擴大獲利。

來個假想例子：我們假設未來 20 年，某個股票市場將有 9% 的年化報酬（這是一個很大方的假設），扣除每年 3% 的通貨膨脹率，等於是 6% 的年化實質報酬。

在美國可以買到內扣費用低廉、用於追蹤市場整體表現的 ETF。視投入的市場，ETF 內扣總費用可以低到 0.3% 或甚至更低。反觀在台灣買得到的股票型基金，尚未計入其他費用，內扣費用方面光是經理費就要 1.5%。

如果分別使用低成本的 ETF 與高成本的基金，投入這個有 6% 實質報酬的股市，在 20 年後分別會帶來怎樣的結果？

我們大方地假設高成本主動型基金的內扣費用只有 1.5% 的經理費。也很大膽地假設，基金績效再加上成本後，可以追平指數（這是大多基金都辦不到的事）。那麼，低成本的 ETF 將讓投資人拿到每年 6% 減 0.3%，等於 5.7% 的年化報酬。而高成本基金，將讓投資人拿到 6% 減 1.5%，等於 4.5% 的年化報酬。

假設初始投資金額是新台幣 10 萬元。5.7% 的報酬在 20 年後，可以讓這 10 萬元增長為 303,040 元；4.5% 的報酬在 20 年後，則可以讓 10 萬元成為 241,171 元。前者的累積報酬率是 203%，後者是 141%。62% 的累積報酬差異，就是看起來微不足道的 1.2% 內扣費用差異造成的。

而且，當初你用 10 萬元在台灣買基金，可能還付了 1%，也就是 1,000 元的佣金。但同樣的金額在美國券商買 ETF，你可能只要付出 7~10 美元的手續費，相當於新台幣幾百元而已。

花更多的錢，買到更差的績效，就是繼續使用台灣投資管道最可能出現的後果。也是投資人對充斥台灣市場的高費用基金以及有佣基金，充耳不聞、視若無睹的代價。

當金融業者不做出改變，不提供更好的投資工具時，我們投資人必須懂得自己去追尋。

3-12 主動與被動基金──你該選哪個？

一般來說，基金依其選股哲學分為兩類。

1. **主動型基金**：意指採行主動投資的基金。主動投資的目的，在於透過經理人的選股，買進研究過後他認為表現將勝過大盤的證券，並賣出表現將遜於大盤的證券，以期使整體投資組合的表現，勝過對應大盤表現。

2. **指數型基金**：意指採行被動投資的基金。採行被動投資法的基金經理人，會選取一個對應指數，然後買進全部的指數成分股，或是具有代表性的成分股，以獲取與指數相同的報酬。

主動型基金有打敗市場的可能（冒著輸給市場的風險），被動型基金則可以確保帶來與市場報酬相當近似的回報，哪個才是適合我們投資人呢？

因為主動型基金可以收取較高的經理費，所以金融業者會大力鼓吹這類基金的好處。但身為投資人的我們，一定要體認到業者推行的，是對他們最有利的投資工具，而不是對投資人最有利的投資工具。面對這個問題，我們需要一點客觀的評論。

有幸，諾貝爾經濟學獎得主威廉・夏普教授（William Sharpe），曾針對主動與被動的績效高低之分，寫過一篇簡明易懂的文章。這篇名為〈主動投資的算術基礎〉（The Arithmetic of Active Management）的文章，發表在 1991 年的

《財務分析師期刊》（Financial Analysts' Journal）。這篇專業財經期刊上的文章，沒有任何高深的數學，只要懂得加減法，就可以明瞭這篇文章的內涵。這篇文章也因其簡明流暢的邏輯架構，成為一篇廣受引用的經典論文。

這篇論文的要義可以這樣簡單說明：「整體投資人持有市場上所有的證券，所以整體投資人必然會拿到市場報酬。而投資人只有兩種，一是被動投資人，另一則是主動投資人。因為被動投資人整體拿到的是市場報酬，所以主動投資人所拿到的，不多不少，也剛好是市場報酬。」

被動投資人僅花費些許成本，所以整體被動投資人的績效將只些微落後市場報酬。而主動投資人因為花費了更多的投資成本，所以報酬將落後市場報酬較多，也落後被動投資人。所以整體來看，被動投資人的績效必然勝過主動投資人。

沒錯，有些主動投資人的確獲得了勝過大盤的績效，但問題是，你成為這樣的人，或是你買到這樣的基金經理人的機會有多高？加入主動投資人的陣營，等於是加入一個總得分數必然落後的球隊。而且有趣的是，這個得分落後的球隊常常會拿隊中的得分王出來誇耀，說「你沒看到我們這邊也有高手嗎？」卻少提他們悲慘的總得分數。

我們必須體認的是，其實我們都是一般人。我們買樂透不會中獎、我們自己創業很難有郭台銘的成就、我們投資績效幾乎不可能與巴菲特一樣，會發生在大多人身上的事，也會發生在我們身上。即便是像郭董這樣的創業成功人士，他去買樂透

時，也是個一般人。

所以，加入主動投資最可能發生的就是一般狀況，也就是「落後指數」，而非「勝過指數」。或許，我們可以懷抱希望，享受點作夢的快感，每期買 100 元的樂透做為消遣。但請問，你的投資該是另一個像樂透般的賭博遊戲，或是根據最可能發生的結果，做出縝密判斷的活動呢？

只要你懂得加減法，你就會知道選擇被動投資，保證你贏過大多數的主動投資人。而且，在某一時段贏你的人，在未來，往往難以持續。

3-13 投資工具的選擇

綜合以上論述，採行被動投資的指數型基金與追蹤指標指數的 ETF，是投資人分散投資、避開個股風險時的首選。而在選擇指數型基金與 ETF 這類投資工具時，應優先選用追蹤整體市場指數且費用低廉的工具。

目前若要對台灣股市進行指數化投資，有元大台灣卓越50ETF（代號0050）、富邦台灣摩根 ETF（代號0057）與永豐台灣加權 ETF（代號006204）可供選擇。在台灣債市方面，目前沒有 ETF。（過去曾有一支寶來富盈債券 ETF，但已清算下市）

在國際金融市場方面，台灣本地金融業者所提供的被動工具非常有限，目前只有追蹤中國、香港、日本、美國、歐洲與印度股市的 ETF，另外還有一些投資單一國家的指數型基金。這些工具無法組成囊括全球的投資組合，而且其中不少標的仍有內扣成本過高的問題。

直接解決這個困境，同時離開國內高內扣費用、高佣金基金的惡劣投資環境的方法，便是以國際投資人的身分，開立美國券商戶頭。

一旦具有美國券商戶頭之後，台灣投資人將可使用高品質且費用低廉的投資工具，不僅可以使用成效更好的工具，同時也表達了不再容忍國際基金公司在台灣銷售次等產品的態度。

有鑑於部分美國基金公司不願將旗下基金售予在美國券商開戶的國際投資人，但是在 ETF 方面，可說是幾乎毫無限制。所有在美國上市的 ETF，國際投資人全都能投資與交易。所以，以下所選用例子，將以大多數人都能投資的 ETF 為例，分別就股市、債市與抗通膨債券，以及貴金屬這幾方面進行說明。

目前美國最大的三家 ETF 業者，分別是貝萊德（BlackRock）、領航（Vanguard）與道富（State Street Global Advisors）。下面所舉的例子，也將以這三家公司所發行的 ETF 為主[23]。

◎ 股市

若要投資全球股市，可以以一支 ETF 涵括全球市場，也可將全球市場分成不同區塊，再分別以對應的 ETF 投資，如何辦到？以下分別解說。

1. 一網打盡法

▶ 表 3-11　適合「一網打盡法」的 ETF

ETF 名稱	發行公司	追蹤指數	總開銷比	美股代號
領航全球股市指數 ETF（Vanguard Total World Stock ETF）	領航	富時全球股市指數（FTSE Global All Cap Index）	0.14%	VT
安碩摩根史丹利世界指數 ETF（iShares MSCI ACWI Index ETF）	貝萊德	摩根史丹利世界指數（MSCI All Country World Index）	0.33%	ACWI

這兩支 ETF 的內扣費用分別只有 0.14% 與 0.33%，但卻能提供強大的分散效果。持有這些 ETF，資金便等同於分散投資

---

23. 投資朋友也可自行前往這三家資產管理公司的網頁，查詢其全部的 ETF 產品列表。貝萊德網址：http://us.ishares.com/product_info/fund/index.htm。道富網址：https://www.spdrs.com/。領航網址：https://investor.vanguard.com/etf/。

於全球股市。不論是已開發國家或是新興市場，皆包含其中。

2. 分區投入法

全球股市可將其區分為北美市場（以美國為代表）、歐洲成熟市場、亞太成熟市場以及新興市場。亞太成熟市場主要成員為日本、南韓、新加坡、香港、澳洲與紐西蘭；新興市場則包括亞洲新興市場、東歐新興市場與拉美新興市場。

以資產配置的概念分區投入各區域股市，可以帶來擴大報酬與降低風險的效果（相關論述，請見第五堂課）。因此投資人若有較多的心力監控與操縱多個投資標的，可以將全球市場區分為不同的區域，分別投入。

在美國股市方面，可以有以下幾個選擇：

▶ 表 3-12 適合「分區投入法」（美國股市）的 ETF

ETF 名稱	發行公司	追蹤指數	總開銷比	美股代號
領航美國全股市指數 ETF（Vanguard Total Stock Market ETF）	領航	CRSP 美國全市場指數（CRSP US Total Market Index）	0.05%	VTI
安碩羅素 3000 指數 ETF（iShares Russell 3000 ETF）	貝萊德	羅素 3000 指數（Russell 3000 Index）	0.20%	IWV

這二支 ETF，都可以讓投資人追蹤美國股市的表現。其中領航美國全股市指數 ETF 的內扣費用非常低廉，僅有 0.05%。

歐洲成熟市場的選擇如下：

▶ 表 3-13　適合「分區投入法」（歐洲成熟市場）的 ETF

ETF 名稱	發行公司	追蹤指數	總開銷比	美股代號
領航歐洲 ETF （Vanguard FTSE Europe ETF）	領航	富時已開發歐洲市場指數 （FTSE Developed Europe All Cap Index）	0.12%	VGK
安碩歐洲 ETF （iShares Europe ETF）	貝萊德	標普歐洲 350 指數 （S&P Europe 350 Index）	0.60%	IEV

亞太成熟市場可以有以下選擇：

▶ 表 3-14　適合「分區投入法」（亞太成熟市場）的 ETF

ETF 名稱	發行公司	追蹤指數	總開銷比	美股代號
領航太平洋 ETF （Vanguard FTSE Pacific ETF）	領航	富時已開發亞太市場指數 （FTSE Developed Asia Pacific All Cap Index）	0.12%	VPL
安碩太平洋市場日本除外 ETF （iShares MSCI Pacific ex-Japan ETF）	貝萊德	摩根史丹利太平洋市場日本除外指數 （MSCI Pacific ex-Japan Index）	0.49%	EPP
安碩日本 ETF （iShare MSCI Japan ETF）	貝萊德	摩根史丹利日本指數 （MSCI Japan Index）	0.48%	EWJ

　　投資人可以單純買進領航太平洋 ETF，便可分散投入亞太
成熟市場，或是同時買進安碩日本 ETF 以及安碩太平洋市場日
本除外 ETF 來涵括亞太成熟市場。

新興市場的選擇如下：

▶ 表 3-15　適合「分區投入法」（新興市場）的 ETF

ETF 名稱	發行公司	追蹤指數	總開銷比	美股代號
領航新興市場 ETF（Vanguard FTSE Emerging Markets ETF）	領航	富時新興市場指數（FTSE Emerging Markets All Cap Index）	0.15%	VWO
安碩新興市場 ETF（iShares MSCI Emerging Markets ETF）	貝萊德	摩根史丹利新興市場指數（MSCI Emerging Markets Index）	0.69%	EEM
SPDR 新興市場 ETF（SPDR S&P Emerging Markets ETF）	道富	標普新興市場指數（S&P Emerging BMI Index）	0.59%	GMM

這三支新興市場 ETF 都可以用來投資全球新興市場。其中 VWO 的內扣費用明顯優於其他兩個標的。VWO 資產總值 353 億美元，是目前美國資產規模最大的新興市場 ETF。EEM 平均每天成交量達 6,000 萬股以上，是這三個標的中流動性最好的 ETF。

從上面的列表可以發現，在各投資區域中，領航資產管理公司所發行的 ETF 往往是費用最低的選擇。低成本的優勢，有助於投資人獲取更高的報酬。

◎ 債市與抗通膨債券

債券在投資組合中的作用，在於減低波動度與在金融市場動盪之際提供保護。一般來說，債信較佳的政府所發行的公債較能達到此一目的。公司債與股市有較高的連動性，若債券部位完全選用公司債的投資組合，在股市重挫之時，債券部位也難以倖免。

公債有「一般公債」與「抗通膨債券」。我們知道，債券又稱「固定收益投資」，一般債券最怕意料之外的通貨膨脹。當通膨高漲之際，一般債券投資人卻只能領取固定的收益，且每次領回的配息與最後拿回的本金，購買力都不斷減值。

為了讓債券投資人能避免這樣的困境，所以有「抗通膨債券」的發行。這類債券，其配發的利息與最後領回的本金與當地的物價指數連動，以確保投資人在出現意料之外的通膨之際，可以獲得保障。

那麼，投資人是否應在債券部位全部放棄一般公債，改投入抗通膨公債呢？也不是這樣，一般公債在通貨緊縮的時候，可以提供保護。而在通貨緊縮之際，抗通膨公債反而會表現不佳（因為配息會隨著滑落的物價指數一同下跌），明智的投資人可以適當地分散投資這兩類公債。以下分別以美國債券，與美國以外的國際債券進行解說。

美國公債方面，投資人可以選用的 ETF 有以下幾檔：

▶ 表 3-16 　投資美國公債，投資人可選用的標的

ETF 名稱	發行公司	追蹤指數	總開銷比	美股代號
領航中期美國政府債 ETF（Vanguard Intermediate-Term Government Bond ETF）	領航	巴克萊美國 3-10 年期政府債指數（Barclays US 3-10 Years Gov Index）	0.10%	VGIT
安碩美國 3-7 年期公債 ETF（iShares 3-7 Year Treasury Bond ETF）	貝萊德	ICE 美國 3-7 年期公債指數（ICE US Treasury 3-7 Year Bond Index）	0.15%	IEI
SPDR 中期美國公債 ETF（SPDR Barclays Intermediate Term Treasury ETF）	道富	巴克萊中期美國公債指數（Barclays Intermediate U.S. Treasury Index）	0.10%	ITE

　　基本上，三大 ETF 發行公司都有各自的美國公債 ETF，總開銷比也相當近似。一般在投資時，較常以中期公債做為投資元件，因此表中也以中期公債 ETF 為例。

　　非美國的國際公債市場方面可選用的標的如表 3-17：

▶ 表 3-17　投資非美國的國際公債市場，投資人可選用的標的

ETF 名稱	發行公司	追蹤指數	總開銷比	美股代號
領航國際債券 ETF（Vanguard Total International Bond ETF）	領航	巴克萊全球美元除外國際債券指數（Barclays Global Aggregate ex-USD Index）	0.15%	BNDX
安碩國際公債 ETF（iShares International Treasury Bond ETF）	貝萊德	標普／花旗國際公債指數（S&P / Citigroup International Treasury Bond Index Ex-US）	0.35%	IGOV
SPDR 國際公債 ETF（SPDR Barclays International Treasury Bond ETF）	道富	巴克萊國際公債指數（Barclays Global Treasury Ex-US Index）	0.50%	BWX

　　國際公債的三個標的中，仍以領航的標的內扣成本最低。另外有一個重大分別，BNDX 在投資非美國的國際債券時，有進行匯率避險，會試圖消滅非美元的貨幣與美元之間的匯率波動對 ETF 淨值的影響。IGOV 和 BWX 則沒有進行匯率避險。

　　美國抗通膨公債方面，投資人可選用以下標的：

▶ 表 3-18　投資美國抗通膨公債，投資人可選用的標的

ETF 名稱	發行公司	追蹤指數	總開銷比	美股代號
領航短期抗通膨公債 ETF（Vanguard Short-Term Inflation-Protected Securities ETF）	領航	巴克萊美國 0-5 年期抗通膨公債指數（Barclays US 0-5 Year TIPS Index）	0.08%	VTIP
安碩美國抗通膨公債 ETF（iShares TIPS Bond ETF）	貝萊德	巴克萊美國抗通膨公債指數（Barclays US TIPS Index）	0.20%	TIP
SPDR 美國抗通膨公債 ETF（SPDR Barclays TIPS ETF）	道富	巴克萊美國政府通膨連結債券指數（Barclays US Government Inflation-Linked Bond Index）	0.15%	IPE

國際抗通膨債券則有以下選擇：

▶ 表 3-19　投資國際抗通膨債券，投資人可選用的標的

ETF 名稱	發行公司	追蹤指數	總開銷比	美股代號
SPDR 國際抗通膨公債 ETF（SPDR Citi International Government Inflation-Protected Bond ETF）	道富	花旗國際通膨連結債券指數（Citi International Inflation-Linked Securities Select Index）	0.50%	WIP

◎ 黃金 ETF

黃金，一直被視為最終的保值工具。它是一種投資組合保險工具，在金融市場動盪或出現社會、政治動亂時，可以提供保障。但黃金與其他金融資產有一重大的根本差異——債券有利息、股票有股息、房地產有租金收入，但黃金沒有。因此，持有黃金並不會為投資人帶來任何孳息收益。

相反地，投資人反而需要為持有黃金而付出成本，不論是直接持有黃金條塊所需付出的保險箱費用、透過黃金存摺持有黃金時的買賣價差，或是持有黃金 ETF 時付出的經理費，全都是持有黃金的成本。

持有黃金所付出的代價，可視為一種保險費支出。在金融市場發生重大危難，黃金開始發揮保值功能之時，就是「黃金保險」理賠的時刻。考慮持有黃金的投資人，可以將投資資產的 5% 投入黃金之中，便足以發揮適當的黃金保險功能。

但投資人不應視黃金為穩定保值的投資。假如在金價高漲

時投入，黃金本身是有可能帶來嚴重虧損的，更不用說投資組合保險的功用了。

圖 3-10 顯示黃金價格自 1968 年 4 月 1 日至 2016 年 4 月 1 日的變化 [24]。

圖3-10 1968 年 4 月 1 日至 2016 年 4 月 1 日金價走勢圖

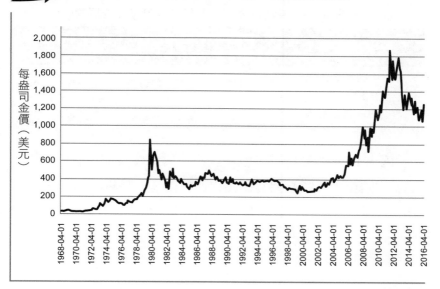

從圖 3-10 可以看出，70 年代在石油危機的陰影下，通膨高漲，金價步步高升。在 1980 年 1 月 21 日，金價來到每盎司 850 美元的高點。雖然 1970~1980 年，黃金帶來年化 32.8% 的高額報酬，但往後十年（1981~1991 年），黃金的年化報酬卻是 -2.4%。[25]

之後，黃金價格自 1999 年 7 月 20 日每盎司 252.8 美元的近 20 年低點以來，逐步走揚。2011 年 9 月 5 日，更達到 1,895

---

24. 資料源自美國聯邦準備銀行聖路易斯分行。
25. 1970 年黃金平均價格每盎司 36.02 美金，到 1980 年漲為 615，年化報酬 32.8%。1981 年黃金平均價格 460，到 1991 年跌到 362.11，年化報酬 -2.4%。

美元的歷史高點。其後，則是下跌的走勢。

　　黃金，就跟各種金融資產一樣，短期走勢是無法持續正確預知的。應以「保險」的態度來持有黃金，而不是想要短線進出，從黃金操作中賺錢。

　　黃金 ETF 有以下兩個選擇：

▶ 表 3-20　投資黃金 ETF，投資人可選用的標的

ETF 名稱	發行公司	ETF 資產	總開銷比	美股代號
安碩黃金 ETF（iShares Gold Trust）	貝萊德	持有實體黃金	0.25%	IAU
SPDR 黃金 ETF（SPDR Gold Shares）	道富	持有實體黃金	0.40%	GLD

　　兩支 ETF 都是持有實體黃金，對於想要長期持有的投資人來說，安碩黃金 ETF 因為總開銷比較低，會是較好的選擇。

史雲生的逆向操作法則
(Unconventional Success)

為什麼將資金託付給營利型的基金公司，然後期待優異的成績，大都會得到失望的成果，可參考大衛・史雲生所寫的《史雲生的逆向操作法則》（Unconventional Success）。書中對資產管理業者的本質有清楚地描述。（本書中譯本已絕版，需至圖書館借閱）

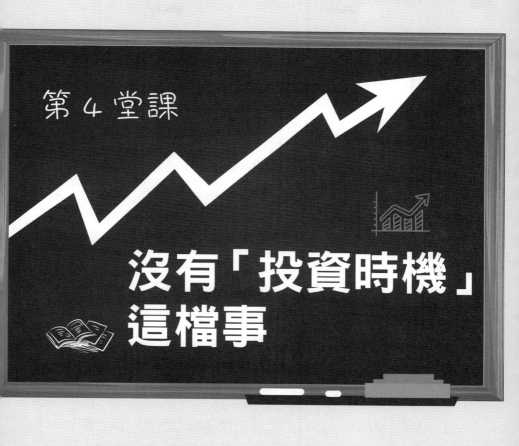

第 4 堂課

沒有「投資時機」
這檔事

4-1 何時該投資？

當你有一筆資金想要投資，一定會想問，我該現在就投資，還是等日後市場價位更低了才投資？

或許你覺得現在價位有點高，所以你就決定等一下，結果卻看到股價一路向上，讓你悔不當初。當然，也可能在等了一下之後，市場果然下跌了。但你又不禁會想，現在是比前陣子便宜了，但未來會不會有更低的價格呢？

◎ 試圖擇時進出市場，可能嗎？

這些令人困惑的問題的答案，就在於投資人能否準確預知未來市場走勢。

這種試著參與上漲，躲過下跌的投資方法，叫做試圖進出市場（Market timing）。這個做法威力強大，以台股為例，從 2004 年最後一個交易日到 2009 年最後一個交易日，這五年期間，假如投資人每個月初都得以正確判斷這個月是股市或是存在銀行的現金報酬較高，然後將資金投入報酬較高的資產，這樣五年下來，期初投資的 1 萬元，到 2009 年底可以成長為 93,942 元，累積報酬率 839%[26]。但同時間，加權股價指數從 6,140 漲到 8,188，報酬只有 33%。

沒錯！這是一個值得做的投資方式，不過前提是——「假

---

26. 這段期間的股市報酬以加權股價指數計算。現金報酬以台灣銀行一個月期固定利率定存計算，資料來源為中央銀行整理的公營行庫存放款利率歷史資料。

如辦得到的話」。

但試圖進出市場是辦不到的，我們可以從幾方面分析為何這是不可能的事。

先從投資基本常識來看。假如真有這麼一個人可以持續正確地適時進出市場，那麼他將參與大多數的上漲、躲過大多數的下跌。那金融市場對他來說就是一個可以避開風險，但又可以把握賺錢機會的地方。

但是請問，這有可能嗎？風險就是虧損的可能。請問有人可以不用冒風險就獲取報酬的嗎？

基本常識告訴我們：這是不可能的。

再來，從過去的歷史經驗來看，金融史上是否出現過適時進出市場的知名人物？且讓我們進行一個假想對話。

請問最知名的印象畫派大師有誰呢？你或許會說「有畢卡索、高更、莫內⋯⋯」，雖然對於他們的排名我們可能會意見相左，但我們同意他們都是這方面的大師。

至於最有名的籃球選手有誰呢？你或許會說「強森、喬丹、俠客、柯瑞⋯⋯」，一定也很容易就可以找到答案。

那最有名的選股大師有哪些呢？你會說「那當然是巴菲特、彼得・林區等人囉」（終於回到投資的主題）。

那全球最有名的適時進出市場大師有誰呢？

一時語塞。這幾乎是所有人的反應。

回顧過去，這種人並不存在。理由很簡單，因為這是違背金融市場基本原則的事情。「持續在正確的時點進出市場」不

僅在理論上違背市場基本原則，在實務上也是不曾有人辦到的事情！

◎ 市場的不理性難以預測

但是為什麼有那麼多股市預測、名人專家、市場分析，都在告訴投資人市場下一步的舉動，彷彿這是辦得到的事情呢？

很簡單，因為投資人想要答案。針對一個無解的問題提供解答，這些人的目的不在於為投資人提供正確的投資概念，而是為了自己。金融業者提供的市場預測，讓投資人做為交易進出的依據，在一買一賣之間，業者才有收入；大師候選人提出分析與預測，那麼日後猜對了（請注意，不是預測對了），他就可以功成名就；投資雜誌刊載一堆根據繁複的基本分析與技術分析推導出的市場預測，那麼讀者才會覺得他花的每一分錢都值得。這些人、這些業者，為的全都是自己，不是為了你。

或許作者人微言輕，且讓我引用一些大師的話語。

牛頓說：「我能計算天體的運行，但不能計算人群的瘋狂。」（I can calculate the motions of the heavenly bodies, but not the madness of people.）這是牛頓在成為英國南海投機泡沫（South Sea Bubble）的受害者後所說的話。

這句話的意思就是，市場的不理性是難以預測的。不管你是怎樣的投資人、持有怎樣的投資哲學，市場的不理性大概可說是所有投資人的共識。既然市場不理性，那麼理性分析能否讓投資人知曉市場的下一步呢？

我們來看個假想狀況。當你開車跟在另一部車子之後，而你知道前面那位駕駛是不理性的，根本沒在遵守交通規則。那麼當他打出左轉方向燈時，你會判定他將左轉，然後你就可以從右側超車嗎？還是最好假設他仍可能往任何方向行進呢？假如你明知道前面那位駕駛不理性，還試圖推測他下一步會怎麼走時，當你超車時被撞個正著，是要說他錯，還是說你不知自保呢？

在馬路上，還有交通規則保障我們，可以處罰那些不依正常方式開車的人。但在投資世界裡，以不理性方式運行的金融市場，它卻不必對任何人負責。許多分析市場未來走勢的方法，不論是技術分析、利率變化、景氣燈號等，看起來言之鑿鑿、立論詳盡。但既然市場是不理性的，為什麼理性分析可以預測它的下一步呢？景氣信號燈出來，看來市場要向右走了，真的嗎？回想一下跟在一台不理性的車子後面的景象吧！

或許你會想說，在這一片渾沌與嘈雜的市場運行之中，或許就是有那麼一、兩位人物可以看破其中奧妙，掌握市場脈動吧！對於這樣的想法，我們可以換個角度來看這件事。想想看，那句感嘆市場不理性的話是誰說的呢？是牛頓，他可是英國 17 世紀最重要的科學家之一，也是微積分、萬有引力、三大運動定律的發明與發現者。牛頓有強大的數學能力與敏銳的觀察力，是將近代人類推向理性與科學之路的要角。

其實，牛頓還當過財經官員。在 1699 年，時年 58 歲，牛頓當上英國中央鑄幣司司長（Master of the Mint）。在這段期

間，他研究鑄幣過程、經濟理論，與當代財經要角來往、教育自己成為一位經濟學家，甚至寫下一篇傳世的報告，影響了當時的貨幣政策，也是後代研究英國貨幣史的重要素材。

這樣的一個人，一個天才型的人物，一個不是只懂得算式的理論學家，也是懂財經理論的通才，他竟然也會說他無法計算人群的瘋狂——他無法知道，一群人投入金錢遊戲之中，會表現出怎樣的行為。

但在過去、在今天、在未來也仍會有，我們看到很多人說，他可以。我再重複一次，他可以計算人群的瘋狂。他可以知道人群的瘋狂會將市場帶往哪個方向，因此可以取得置身事外的制高點，利用這些人的不理性，從中獲得利益。

這些人最常見的說詞，就是號稱可以預測市場或是個股走向。或者，他「謙虛」一點地說，他有時候也會預測錯，但大多時候他都會對。

事實是，這些人通常不會計算天體的運行，更遑論計算人群瘋狂的能力。

巴菲特說：「股市預測者的唯一價值，在於讓算命仙看起來更準一些。」（The only value of stock forecasters is to make fortune-tellers look good.）

彼得・林區說：「我也想要可以預測市場走向和事先知道景氣衰退。但既然這是不可能的，我寧願和巴菲特一樣，滿足於尋找有獲利潛能的公司。」（I'd love to be able to predict markets and anticipate recessions, but since that's impossible, I'm as satisfied to search out profitable companies as Buffett is.）

領航資產管理公司（Vanguard）創辦人約翰・柏格曾說過：「在業界近 50 年的經歷中，我從未看過有人能持續成功地適時進出市場。所有我認識的人當中，也沒有人聽聞過有誰可以持續成功地適時進出市場。」（After nearly fifty years in this business, I do not know of anybody who has done it successfully and consistently. I don't even know anybody who knows anybody who has done it successfully and consistently.）

當這些全球投資界的要角，如同牛頓過了 200 年可能還會有人在投資書籍中提到的人物，都承認自己無法事先知道市場的走向，也不認為試圖去預測市場走向是值得去做的事，但我們卻看到身邊很多人，不管是在電視、雜誌、網路還是聚會看到的，他們都說自己可以知道市場走向，且正努力研究市場的走向。

古希臘哲學家德謨克利特（Democritus）曾說過：「智者與笨蛋的重要差別之一在於前者希冀他所可能取得的，後者追求不可能。」（One of the great differences between a wise man and a fool, the former wishes for what he may possibly obtain, the later desires impossibilities.）

在預測市場走向這件事上，我們看到聰明人說什麼話，「另一群人」說什麼話。

假如有個物理問題，愛因斯坦說他還沒想出來，不知道怎麼解。但是你的鄰居，一位業餘物理愛好者，卻說他知道怎麼

解。你會做何感想？

當牛頓、巴菲特、彼得・林區說，他們無法預測市場走向時，我們看到股海明師、自封大師和業餘大師們，說他們可以，你會做何感想？

很多人覺得很可信。

原因無他，只因成果太甜美。假如你能預知市場走向，那麼千萬財富就在眼前，樂透頭彩與之相比，只是個普獎罷了。但是，這個甜美的果實，因為它立足於不可能之上，你能摘取它的可能性，就像你能踏上彩虹橋一樣，只會在你的夢中實現。

投資不能根據不切實際的幻想。一次適時進出市場的操作，不代表下次你仍會成功。有人在某時段適時進出市場成功，也不足以成為模仿的典範，因為他幾乎不可能會一直成功。唯有認清哪些是辦得到、哪些是辦不到的事情，才能讓你的投資策略立足於穩健的基石之上。若是以無法實現的策略當作投資方法的核心，將讓你的投資之路進退失據。

4-2 投資在錯誤時點的風險

　　投資最讓人害怕的，莫過於在「永久」的高點買進，而到需要用錢之際，資金卻呈現重大虧損。

　　譬如之前看過的日本股市走勢。假如資金是在 1989 年的高點投入，過了 26 年，到 2015 年都仍是虧損。投資人最怕遇到的，就是這樣的狀況。如圖 4-1：

圖 4-1 日本股市長期虧損情形

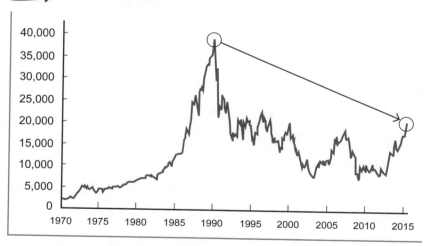

　　我們該如何避免這個風險呢？答案很簡單。當資金在單一時點全部進入市場，且單一時點全部離開市場時，萬一運氣不佳，就可能遇到像日本股市的狀況。

　　與其讓資金在單一時點進與出，全部資金呈現相同的報酬率，不如讓資金分散開來，在不同的時點進出市場。例如最常做為主要投資目標的退休金累積計畫，就是一個分散投入與提出時點的典型例子。

　　假設一個人從 25 歲開始工作，以累積退休資產為目標，預計在 60 歲退休。這時候，很多人看待退休投資，只會看到 25~60 歲這段期間的投資報酬，深怕在這段期間，遇到一個跌到爬不起來的市場。

　　但實際上，以退休為目標的投資過程可以分為「累積期」與「提領期」兩部分。在一個人還有工作能力，每月有薪資收入時，是他退休資產的累積期；一旦退休之後，每月從退休資產中提取生活費時，則是進入了提領期。

　　以這個例子來看，從 25 歲到 60 歲是累積期，60 歲之後則是提領期。不過，退休的開始，不是投資的結束，而是另一階段的開始。這個人不會在 60 歲當下，就需要未來所有生活所需要的資金，他只需要那一年的生活所需。如何讓退休資產順利支撐老年的生活所需，是退休後必須面對的投資課題。

　　以累積退休金為目的的投資，對於大多數人來說，是一個在累積期不斷投入市場，在提領期逐步退出市場的投資過程。所以投資人不必過度擔心從 25~60 歲這個點到點的市場報酬。我們可以假想一下，這位投資人在 60 歲花用的錢，是在 25 歲投入的，在 61 歲花用的錢，是在 26 歲投入的。在 60 歲後，每一筆提出的生活費用，其實都經歷過了 35 年的投資期間。依此

類推，我們會發現，這位投資人有幾個 35 年的投資期間呢？其實有數十個。

假如他從 25 歲到 60 歲這個 35 年，市場報酬不佳，沒有關係，他還有機會。他還有 26 歲到 61 歲這個 35 年，也還有 40 歲到 75 歲這個 35 年。他有許許多多的 35 年。這樣一個投資過程，會如圖 4-2 所示：

圖 4-2　資金水流

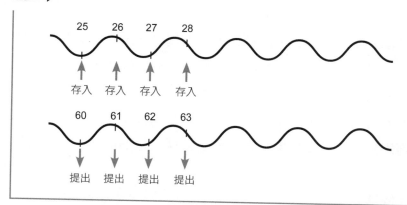

在這樣的過程中，投資人的資金就像一條隨著時間緩緩流過的水流。在累積期，我們以薪資的一部分投入這條水流中，希望它逐漸茁壯；在提領期，我們從這條水流中一瓢瓢領取我們過去累積的成果。這樣一個類似流水的金流概念，是大多投資人會真正面臨的過程。投資人也要以符合這個現實的投資策略，才能正確處理這個過程。

也就是說，「擔心某個時點到某個時點的投資報酬不佳」，是正確的態度。為了避免點到點投資時，運氣不佳，遇到極差

報酬的風險，投資人必須採取對策。處理方法很簡單，就將投資的進入與離開點，分散在一長段不同的時點就可以了。如此一來，投資人便避開點到點的投資，採行了一段時間到另一段時間的投資。

◎ 短進短出徒增投資成本

很多投資人擔心長期投資成果不佳的對策是「放棄長期持有」，於是將整個投資期間細分成一段段的小區間（指每段進出操作的時段，譬如有的投資人每六個月進出一次，假如投資期有 40 年的話，就是由 80 個半年組成的），然後將資金視為一整個團塊（把資金整體進、整體出的操作方法），視各種指標或分析，將資金整體投入市場，或全部拉出市場，完成「團進團出」。至於工作與薪資所得，則揉入這個團塊中，一同進出。

因為無法忍受錢放著不動，長期下來結果卻是虧損的可能，所以許多投資人決定積極進出市場，試著參與更多的上漲、躲過更多的下跌。他們的目的在於，即使這段期間市場是虧損的，自己的投資仍是有賺。

不過這種態度與方法，有幾個明顯缺陷。

首先，以團塊的概念看待自己的資金，並無法解決點到點報酬率不佳的問題。市場曾有過這麼一條定律，將長期投資的期間細分成許多短期持有的區間，報酬就會提高嗎？不，報酬不一定會提高。多次進出市場帶來的額外投資成本往往還會讓

報酬率更差。

　　將長期持有換成多次短期持有，投資人還是避不開「點到點投資報酬率不佳」的問題，事實上，以團塊而非水流的態度看待投資資金，反而會讓人更加擔心點到點的投資報酬率。

　　再者，短進短出的投資人，仍需要在長時間後檢視自己的投資成果。短進短出的人常說：「我才不要在 30 年後才發現自己沒賺。」彷彿只要短線進出，就可以躲過長期績效不佳的厄運一樣。但是，短進短出絕非長期賺錢的保證。正如我們一開始所說的，投資時任何賺錢的可能，都是冒著虧損的風險換來的。短線進出市場，絕不會讓虧錢的風險減低半分。假如短線進出有可能賺錢，那麼這個方法也一定有可能虧錢！

　　短進短出的人，一樣要在 30 年後回顧投資成果。假如你的投資目標是在 30 年後累積足夠的退休資產，那你的投資策略是否符合這個目標呢？還是僅是一個接一個，冒著重大風險，試圖在某次進出賺到大錢的短期目標呢？假如你的目標是跑完 42 公里的馬拉松，那你應該在意的是跑完全程，還是在這段路程中曾經出現過 10 秒跑完 100 公尺的「佳績」呢？

　　短程衝刺之後，沒有創造出佳績，反而拉傷大腿肌肉，無法繼續跑下去，要怎麼辦？試著冒重大風險，想打一次漂亮的「投資經典戰役」，一次撈足退休金，結果卻落得全軍覆沒，本金嚴重虧損，那怎麼辦？

　　短期進出市場的投資人以為這樣可以簡化長期投資的問題，但其實是讓問題更複雜。以台股為例，試圖每年進出市場

的人，面對的是圖 4-3 的情況 [27]：

圖 4-3 1970～2015 年加權股價指數單年報酬率

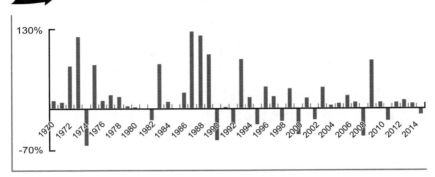

請問，這樣的走勢有什麼規律？未來一年會漲還是會跌？

至於長期投資台股，以水流觀點投入的人，面對的則是這樣一張圖 [28]：

圖 4-4 台股加權股價指數累積報酬率對數刻度

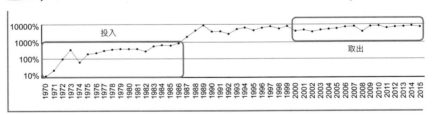

在 1970~1980 年代投入，在 2000 年退休後開始提用，投資人將享受股市長期成長的果實。和許多人想得不一樣，台股在過去其實是個呈現長期成長態勢的股市，但太多人卻以為台

---

27. 以加權股價指數計算，資料來源是台灣證券交易所。一般最常使用的加權股價指數並未納入現金股利。要計入現金股利的報酬，應採用加權股價報酬指數。但加權股價報酬指數的歷史較短，自 2003 年 1 月 2 日才開始編制。因此在此仍使用加權股價指數。
28. 這張圖採用的是對數刻度。對數刻度代表縱軸上每一單位，代表相同比例的漲幅。譬如從 10 點漲到 100 點，與從 100 點漲到 1,000 點，都一樣是十倍的漲幅。在對數刻度圖上，會是相同的漲幅高度。但畫在一般點數圖上，前者漲 90 點，後者漲 900 點，後者看起來會是十倍的漲幅。但實際上，投資人的獲利幅度是相同的。

股長期持有的效果不彰，其實是他從未看過真正長時期的資料，只把專注力全放在一、兩年內的猛烈波動，才會有這樣的看法。（或許也是因為對很多人來說，兩年就是長期了。）

究竟，掌握每年不知道是正號還是負號的投資報酬率比較容易，還是把握長期緩步成長的股市走勢比較簡單呢？

市場報酬不是均勻地分散在各個年度，只要投資人猜測失誤，以為市場即將下跌，將資金全部拉出場外，結果卻錯過某一報酬豐厚的時期，那麼他的報酬率反而將落後一直待在場內，持續持有的投資人。

就像選擇投資標的時，我們避免持有單一股票，以避開單一股票表現不佳的風險。在投資時點的選擇上，我們避免在單一時點進出市場，以防範該段期間市場表現極端不佳的風險。**分散，是不同問題的相同解法。**

過去 45 年，台股是有長期成長趨勢的市場，未來會不會仍是如此，非常難說。如何搭配各種資產，創造出最有機會呈現長期成長態勢的投資組合，將是下一堂課的重點。

4-3 臆測進場時點，不如定期投資

　　既然市場走勢無法預測，投資人也應該避免在單一時點投入市場，那麼到底該在什麼時候投資呢？

　　市場在未來可能走高也可能走低，我們無法預測，那就不必再費心猜測。有錢的當下，就是可以投資的時候。

　　因此，我們應該將投資時點分散開來，每隔一段時間就投入一筆資金，才是合理的做法。

　　綜合以上兩點，加上每月領取的薪水是多數人的收入來源，因此，每月將薪資的一部分用於投資，就成為一個明顯的解答。

　　投資人不僅能每月投資，其實每季或每半年投資一次也是可行的方案，而且每月投資也不一定要在固定日期——每月固定日期投資，與每月隨機挑一天投資，投資成果不會有什麼顯著的差異。「固定日期投資」的目的，在於讓投資人完全避開人為判斷。譬如某個投資人是每月投資，但日期可以自行決定，這時投資人一定會開始想，哪天才是這個月的低點。或許，這個月不買，下個月會更好？這樣，就又掉入試圖猜測市場高低點的無解難題之中。

　　「定期投資」這個看似簡單的「無大腦」策略，其實裡面融合了面對市場走勢難以預測的務實態度，同時也符合大多人的資金來源狀況。

　　定期投資是解決市場走勢難以預測的良策，雖然在這個過程中，投資人的確有時會遇到市場價位較高的情形而買貴了，但有時也會遇到市場價位較低的狀況，而買到便宜貨。長久下來，定期投資將讓投資人買到不高也不低，也就是平均的價位，投資人不會吃虧，全都是高點買進，但也不會占盡便宜，全都是低點買進。投資人會獲得一個不高不低，也就是「平均的投入價位」。

　　定期投資也是符合大多數投資人資金來源的方法。投資人大多是薪水族，每月進帳的薪水就是投資資金的來源。每當有入帳時便進行投資，不僅符合資金來源的頻率，也可養成規律投資的習慣。

　　但定期投資這個方法最重要的作用，在於它讓投資人可以將資金分散在廣大帶狀的投入時點上，暴露在各種經濟環境之中，可以避免整體資金遭逢單一時段不佳報酬的風險。

4-4 3 種定期投資策略

假如要定期投資的話，要如何進行呢？

目前最盛行的方法是固定金額，就是定期投入一定金額的資金。譬如每個月投入 1 萬元，就是定期定額的投資方法。

但定額的「額」字，也可以指「買進基金的股數」。譬如每個月就買進固定股數的基金，這就形成另一種定期定額的方法。

為了區別，我們將傳統固定金額的方法就稱做**定期定額**；而定期買進一定股數的方法，則稱為**定股投資**。以下我們就來比較一下定期定額與定股投資的效用。

◎ 定期定額與定股投資

在台灣基金界，最常拿來做為長期投資典範的基金，莫過於富蘭克林坦伯頓成長基金（Templeton Growth Fund）[29]。我們就用 2003 年初到 2006 年底這四年的期間為例，看在一段走勢向上的市場環境中，定期定額與定股投資會分別帶來怎樣的成果。

定期投資是在每月的第一個營業日投入 1,000 美元。從 2003 年 1 月開始，至 2006 年 12 月，共進行 48 次的投入；定股投資則是在每月的第一個營業日買進 60 股，也是共投入 48 次。

114

---

29. 在次貸風暴與一段基金績效相對遜色的時期之後，仍覺得這是長期投資典範的人，明顯少了。

▶ 表 4-1　定期定額與定股投資每月投資比較 (2003/1~2006/12)

日期	淨值	定期定額		定股投資	
		每月定額投資	購得股數	每月定股投資	投資金額
2003/1/2	16.21	1,000	61.69	60	972.60
2003/2/3	15.76	1,000	63.45	60	945.60
2003/3/3	15.14	1,000	66.05	60	908.40
2003/4/1	14.89	1,000	67.16	60	893.40
2003/5/1	16.22	1,000	61.65	60	973.20
2003/6/2	17.65	1,000	56.66	60	1,059.00
2003/7/1	17.72	1,000	56.43	60	1,063.20
2003/8/1	18.03	1,000	55.46	60	1,081.80
2003/9/2	18.65	1,000	53.62	60	1,119.00
2003/10/1	18.86	1,000	53.02	60	1,131.60
2003/11/3	19.09	1,000	52.38	60	1,145.40
2003/12/1	19.72	1,000	50.71	60	1,183.20
2004/1/2	20.79	1,000	48.10	60	1,247.40
2004/2/2	21.15	1,000	47.28	60	1,269.00
2004/3/1	21.87	1,000	45.72	60	1,312.20
2004/4/1	21.49	1,000	46.53	60	1,289.40
2004/5/3	21.20	1,000	47.17	60	1,272.00
2004/6/1	21.22	1,000	47.13	60	1,273.20
2004/7/1	21.48	1,000	46.55	60	1,288.80
2004/8/2	20.93	1,000	47.78	60	1,255.80
2004/9/1	21.17	1,000	47.24	60	1,270.20

2004/10/1	21.78	1,000	45.91	60	1,306.80
2004/11/1	21.33	1,000	46.88	60	1,279.80
2004/12/1	22.85	1,000	43.76	60	1,371.00
2005/1/3	22.79	1,000	43.88	60	1,367.40
2005/2/1	22.47	1,000	44.50	60	1,348.20
2005/3/1	23.42	1,000	42.70	60	1,405.20
2005/4/1	22.90	1,000	43.67	60	1,374.00
2005/5/2	22.55	1,000	44.35	60	1,353.00
2005/6/1	22.67	1,000	44.11	60	1,360.20
2005/7/1	22.84	1,000	43.78	60	1,370.40
2005/8/1	23.58	1,000	42.41	60	1,414.80
2005/9/1	24.10	1,000	41.49	60	1,446.00
2005/10/3	24.24	1,000	41.25	60	1,454.40
2005/11/1	22.39	1,000	44.66	60	1,343.40
2005/12/1	22.97	1,000	43.54	60	1,378.20
2006/1/3	23.38	1,000	42.77	60	1,402.80
2006/2/1	23.79	1,000	42.03	60	1,427.40
2006/3/1	23.87	1,000	41.89	60	1,432.20
2006/4/3	24.36	1,000	41.05	60	1,461.60
2006/5/1	25.03	1,000	39.95	60	1,501.80
2006/6/1	24.55	1,000	40.73	60	1,473.00
2006/7/3	24.52	1,000	40.78	60	1,471.20
2006/8/1	24.53	1,000	40.77	60	1,471.80
2006/9/1	25.44	1,000	39.31	60	1,526.40

2006/10/2	25.82	1,000	38.73	60	1,549.20
2006/11/1	24.54	1,000	40.75	60	1,472.40
2006/12/1	25.24	1,000	39.62	60	1,514.40

這四年期間，兩種投資的成果整理如表 4-2：

▶ 表 4-2　總計

單位（美元）

	定期定額	定股投資
總投資金額	48,000	62,231.40
總累積股數	2,267.09	2,880
投資總值	57,221.43	72,691.20
平均買進成本	21.17	21.61
簡單報酬率 [30]	19.21%	16.81%
獲利	9,221.43	10,459.80

　　在表中我們可以看到，定期定額共投入了 4 萬 8,000 美元，的確如預期發揮了壓低平均成本的效用，平均每股買進成本是 21.17 美元，比起定股投資的 21.61 美元還要來得低，也因此得到了較高的報酬率，以 19.21% 勝過定股投資的 16.81%。

　　不過要注意的是，定股投資最後累積的總值是 7 萬 2,691 美元，明顯高於定期定額的 5 萬 7,221 美元。雖然定股投資的報酬率較低，但是它的獲利金額比定期定額高出 1,238 美元。

---

30. 要精確計算定期投資的報酬率，其實不應使用（終點價值－初始價值）÷初始價值的計算法。因為在定期投資時，資金是分批投入的。譬如你要計算工人的工作效率，假如 100 個工作人力是工程一開始就全部投入的，然後過了 100 天後完工。和一開始投入十人，然後每隔十天就多投入十人，最後也是 100 天完工。你會知道，後者工人的效率較高。因為一樣是總共 100 個工人，前者是一開始就全部投入工作，後者是分批投入。同樣的道理，分批投入 1 萬元，和一開始就投入 1 萬元，假如兩者在 100 天內，都賺到 1,000 元，那麼其實是前者賺錢的效率較高。要計算分批投入的資金的報酬率時，不應和計算單筆投資時採用相同的方法。要計算定期投資的報酬率，應採用內部報酬率概念。相關討論可見作者部落格文章〈定期定額的損益計算〉http://greenhornfinancefootnote.blogspot.com/2007/07/blog-post_1282.html。但這個較精緻且正確的算法，不影響本文的討論，因此在這裡仍以終點價值減初始價值的方式計算出一個簡單的報酬率數字。

假如能讓你選擇，你會希望哪個結果呢？你要較高的報酬率還是較高的終點價值？

而這個比較表也直指投資活動的核心：**你能存下多少錢，比起拿到多高的報酬率還要重要。**

定股投資雖然未能壓低平均投資成本，但每月固定買進60股，等於是強迫投資人在上漲的市場中，同步增加投資金額。長期下來，累積了更多的資本。定額投資雖然壓低了投資成本，拿到較高的報酬率，卻因投資金額較少，反而累積了較低的金額。

很多投資人將投資的重點完全放在報酬率上，事實上，「能拿出多少資本來累積、來投資」，才是真正決定最後終點價值多寡的決定要素。

其實，定期定額投資在報酬率方面，也不一定會勝過定股投資。根據麥克 · 艾道森教授在《定期定值投資策略》[31] 書中計算的資料，假如自1926~1991年針對美國股市，每月進行定期定額與定股投資，最後定股投資將以11.24%的年化報酬率勝過定期定額11.03%的年化報酬率[32]。

為什麼會這樣？因為每月投入固定金額，在一個長期上漲的市場中，會造成每月買進的股數愈來愈少。持有的股數愈少，日後參與市場上漲的持分就少。沒錯，定期定額一定會有較低的平均成本，但較低的平均成本不一定代表較高的資金運用效率。在上漲的市場中，早期的上漲將限縮定期定額買進的股數，定股投資則不受影響，仍買進相同的股數。日後上漲時，定股

---

31. 我推薦想深入了解各種定期投資策略的投資朋友閱讀此書。這本書對各種定期投資策略、應用，以及特性的說明，可說是無人能出其右。
32. 這個報酬率便是以內部報酬率計算的數字。

投資所購得的較多股數便可帶來更多的獲利。

現在每月投入的 1,000 美元，是還有一點分量的金額。但過了 20 年後，在通貨膨脹的侵蝕下，當時的 1,000 美元恐怕比現在薄多了。

因此，在上漲的市場環境中，在通膨的狀況下，投資人假如真的嚴格執行定期定額投資，從未調高投資金額，那麼實際上他選擇的，恐怕是「定期減額投資」。

不過，依現實狀況來看，定期定額仍是最易執行的定期投資法。大多數基金投資人，很容易便可設定好定期定額投資。至於要對基金進行定股投資則較困難，因為基金投資的額度是以一個整數金額來計算，譬如買進 3,000 元、1 萬元或是 5 萬元的基金，幾乎沒有基金公司會接受投資人以買進幾股的方式下單。因此，定股投資在 ETF 方面較為可行。

即使如此，在執行傳統的定期定額投資時，投資人仍可以納入定股投資的精神與優點，那就是每隔一段時間，譬如一年，便將自己定期投入的金額向上調整。畢竟一般人隨著工作年資的累積，薪資收入也會逐步增加。向上調整投資金額，也符合收入的改變情形。

至於投入金額要向上調整多少呢？假如在市場大漲 50% 後，下一年定期投入的資金便增加 50%，這種舉動，會讓投資人在市場高漲時大量投入，剛好落入買高的圈套。為了跟上市場的成長，可以以「經濟長期成長率」做為資金增加的幅度。譬如在 19 與 20 世紀，全球經濟發展最成功的國家——美國，

它自 1820~1990 年的長期實質經濟成長率是 3.6%[33]。取整數，以 3% 或 4% 做為資金增長的幅度。再加上預估每年 3% 的通貨膨脹，投資人可以每年 6% 或 7% 的速率，調升定期投入的金額。

◎ 定期定值：圓一個「低買高賣」的希望

定期定額基本上是一個「低點買、高點也買」的投入方法，那有沒有投資方法可以讓投資人低點多買、高點少買，或甚至賣出呢？

有一個方法有達成這個目的的可能，那就是「定期定值投資策略」（Value averaging）。這個方法是定期讓投資增長固定的金額。我們可以看個假想例子：譬如有人執行每月增值 1,000 美元的定期定值，詳見表 4-3。

▶ 表 4-3　定期定值

月份	基金淨值	投入金額	購得股數	累積股數	投資價值
1	10	1,000	100	100	1,000
2	8	1,200	150	250	2,000
3	6	1,500	250	500	3,000
4	4	2,000	500	1,000	4,000
5	8	-3,000	-375	625	5,000

說明：為了讓定期定值策略的效果較為顯著，例子中的基金淨值變化較為劇烈。

在表中最後一欄，我們可以看到定期定值的要義，那就是讓投資價值以固定額度成長。

在第一個月時，基金每股 10 美元，每月投資要增值 1,000

---

33. 參考 Angus Maddison 所著 The World Economy 一書。大多數國家不會是經濟發展最成功的國家，所以以這樣的經濟成長率來投入各國市場，應是相當足夠。

美元，所以就買進 1,000 美元，共 100 股。

到了第二個月，基金下跌，每股只剩 8 美元。這時前一個月買進的 100 股，現在只有 800 美元的價值。但到第二個月，投資價值要增長為 2,000 美元，所以投資人要投入 2,000 減 800，等於 1,200 美元的資金。

在第三個月，基金持續下跌，來到每股 6 美元。先前買進的 250 股，現在只有 1,500 美元的價值。但到第三個月，投資價值要增長為 3,000 美元，所以投資人要買投入 3,000 減 1,500，等於 1,500 的資金。

我們可以看到，定期定值會強迫投資人在下跌時，投入更多的資金。

然後在第五個月，基金大幅回漲，來到每股 8 美元。這時前面四個月累積的 1,000 股，現值 8,000 美元。但第五個月的投資價值目標是 5,000 美元，所以投資人不必再買進，反而要賣出價值 3,000 美元的基金。

在這個波動劇烈的假想例子中，我們看到了定期定值所能帶來的「低點買進，高點出脫」的效果。

為了讓讀者有更深刻體會，以下是對同一支假想基金，進行每月定期定額 1,000 美元投資的結果，如表 4-4：

▶ 表 4-4　定期定額

月份	基金淨值	投入金額	購得股數	累積股數	投資價值
1	10	1,000	100	100	1,000
2	8	1,000	125	225	1,800
3	6	1,000	166.67	391.67	2,350
4	4	1,000	250	641.67	2,566.67
5	8	1,000	125	766.67	6,133.33

　　對照表 4-3 與 4-4，在這五個月的期間，定期定值共投入了 5,700 美元，實現了 3,000 美元的獲利，還持有價值 5,000 美元的基金。定期定額則共投入了 5,000 美元的資金，持有價值 6,133 美元的基金。很明顯地，定期定值的獲利遠勝於定期定額。

　　在你大喊「Oh Ya!」，然後開始施行定期定值之前，且讓我們將這個方法在現實世界驗證一下。

　　我們一樣以富蘭克林坦伯頓成長基金為例，看以定期定值投資法，設定每月投資價值增加 1,000 美元，自 2003 年初，到 2006 年底這四年期間，會帶來怎樣的投資成果。這四年期間的定期定值歷程如表 4-5：

▶ 表 4-5　定期定值投資富蘭克林坦伯頓成長基金 (2003/1~2006/12)

定期定值					
日期	淨值	投入金額	購得股數	累積股數	投資價值
2003/1/2	16.21	1,000	61.69	61.69	1,000
2003/2/3	15.76	1,027.76	65.21	126.90	2,000
2003/3/3	15.14	1,078.68	71.25	198.15	3,000
2003/4/1	14.89	1,049.54	70.49	268.64	4,000
2003/5/1	16.22	642.71	39.62	308.26	5,000
2003/6/2	17.65	559.19	31.68	339.94	6,000
2003/7/1	17.72	976.20	55.09	395.03	7,000
2003/8/1	18.03	877.54	48.67	443.70	8,000
2003/9/2	18.65	724.90	38.87	482.57	9,000
2003/10/1	18.86	898.66	47.65	530.22	10,000
2003/11/3	19.09	878.05	46.00	576.22	11,000
2003/12/1	19.72	636.98	32.30	608.52	12,000
2004/1/2	20.79	348.88	16.78	625.30	13,000
2004/2/2	21.15	774.89	36.64	661.94	14,000
2004/3/1	21.87	523.40	23.93	685.87	15,000
2004/4/1	21.49	1,260.63	58.66	744.53	16,000
2004/5/3	21.20	1,215.91	57.35	801.89	17,000
2004/6/1	21.22	983.96	46.37	848.26	18,000
2004/7/1	21.48	779.45	36.29	884.54	19,000
2004/8/2	20.93	1,486.50	71.02	955.57	20,000
2004/9/1	21.17	770.66	36.40	991.97	21,000

2004/10/1	21.78	394.90	18.13	1,010.10	22,000
2004/11/1	21.33	1,454.55	68.19	1,078.29	23,000
2004/12/1	22.85	**-639.01**	-27.97	1,050.33	24,000
2005/1/3	22.79	1,063.02	46.64	1,096.97	25,000
2005/2/1	22.47	1,351.03	60.13	1,157.10	26,000
2005/3/1	23.42	**-99.24**	-4.24	1,152.86	27,000
2005/4/1	22.90	1,599.49	69.85	1,222.71	28,000
2005/5/2	22.55	1,427.95	63.32	1,286.03	29,000
2005/6/1	22.67	845.68	37.30	1,323.33	30,000
2005/7/1	22.84	775.03	33.93	1,357.27	31,000
2005/8/1	23.58	**-4.38**	-0.19	1,357.08	32,000
2005/9/1	24.10	294.32	12.21	1,369.29	33,000
2005/10/3	24.24	808.30	33.35	1,402.64	34,000
2005/11/1	22.39	3,594.88	160.56	1,563.20	35,000
2005/12/1	22.97	93.35	4.06	1,567.26	36,000
2006/1/3	23.38	357.42	15.29	1,582.55	37,000
2006/2/1	23.79	351.15	14.76	1,597.31	38,000
2006/3/1	23.87	872.22	36.54	1,633.85	39,000
2006/4/3	24.36	199.41	8.19	1,642.04	40,000
2006/5/1	25.03	**-100.16**	-4.00	1,638.03	41,000
2006/6/1	24.55	1,786.26	72.76	1,710.79	42,000
2006/7/3	24.52	1,051.32	42.88	1,753.67	43,000
2006/8/1	24.53	982.46	40.05	1,793.72	44,000
2006/9/1	25.44	**-632.29**	-24.85	1,768.87	45,000

2006/10/2	25.82	327.83	12.70	1,781.56	46,000
2006/11/1	24.54	3,280.40	133.68	1,915.24	47,000
2006/12/1	25.24	**-340.67**	-13.50	1,901.74	48,000

　　從表中我們可以看到，定期定值不是純然的買進，共有六個月份執行了賣出的動作（如表中粗字）。定期定值的效用，與之前在同一狀況下實驗過的定期定額與定股投資的成果整理如表 4-6：

▶ 表 4-6　比較三種定期投資策略

	定期定值	定期定額	定股投資
總投資金額	39,589.74	48,000	62,231.40
總累積股數	1,901.74	2,267.09	2,880
投資總值	48,000	57,221.43	72,691.20
平均買進成本	20.82	21.17	21.61
簡單報酬率	21.24%	19.21%	16.81%
獲利	8,410.26	9,221.43	10,459.80

　　從表中可以看到，低點買進更多，高點少買或甚至賣出的定期定值，的確帶來更高的報酬率。其 21.24% 的報酬，同時勝過定期定額與定股投資。但是，它有個問題：定期定值最後的投資總值與獲利金額，都是最低的。

　　「有最高的報酬率，但卻累積最少的資金」，這個狀況暴露出定期定值策略的潛在問題。

　　定期定值設下每一期間成長的額度，等於是替投資組合的成長立下了天花板。假如市場帶來的成長高過這個天花板，那

麼定期定值反而將帶來反效果。在市場高漲時出脫，當下看起來是很漂亮的做法。但假如日後市場的發展是漲得更高的話，那麼之前出脫賣出的股份，將減少了參與日後上漲的股份。這反而是不利的狀況。

圖 4-5 呈現了在這四年期間，對富蘭克林坦伯頓成長基金施行定期定額與定期定值投資時，投入資金與累積的投資價值增長的狀況：

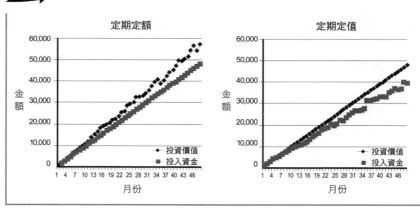

圖 4-5 定期定額 vs. 定期定值

我們可以看到，在定期定額時，投入資金是呈線性成長的。對於累積投資價值的變化，沒有造成限制。但在定期定值時，則是投資價值呈線性成長——市場再怎樣漲，整體投資價值的變化，都不會超過這個原先設定形成的「天花板」。

當投資人有幸參與一個長期有成長的市場，而同時採取定期定值投資，那很可能投資了幾年之後，每段期間都單靠原先

投資的增長，就可以達到設定的成長額度。這樣反而限制了投資人不斷投入市場，參與市場成長的可能。

所以假如要採行定期定值投資法，一定要每隔一段期間，便擴增定期增長的額度。譬如第一年是每期增長 1,000 美元，到下一年度就是每期增長 1,100 美元。這樣才能確保在市場呈現成長的態勢下，投資人仍能持續地投入資金，參與上漲。

表 4-7 整理了「定期定額」、「定股投資」與「定期定值」這三種定期投資策略的特性：

▶ 表 4-7　三種定期投資策略的特性

	定期定值	定期定額	定股投資
每期固定	投資總值增長額度	投入金額	買進股數
壓低平均成本效果	強	中等	無
投入資金相對減少效果	強	中等	無
是否需定時調高額度	需要	需要	不一定
方便使用的投資工具	ETF	開放型共同基金	ETF
投資信心的需求度	很高	中等	中等

總結來說，三種定期投資策略：定股投資、定期定額與定期定值，都各有優缺點。定期定額有壓低平均買進成本的效用；定股投資可以確保投資人在長期上漲的走勢中持續投入、參與市場；定期定值則可讓投資人低點多買，高點少買或甚至賣出，

有機會將投資成本壓得更低。但需注意的是,投資的重點不僅是報酬率,最後累積金額的多寡,往往才是重點。

因此,定期定額若沒有將投資金額跟隨通膨與市場的成長同步調升,那會造成投入市場的累積資金相對減低。定期定值在市場上漲時少買,或甚至賣出的動作,也一樣會造成投入資金減少的問題。

投資的基本原理就是將資本暴露在市場風險中,以換取獲得報酬的機會。定期定額與定期定值都有可能使投入市場的資本相對減少,因此也降低了獲利的額度。解決方法,則一樣是每隔一段期間,便向上調整投資的額度。

若投資人有較多的心力可以管控自己的投資,那麼可以採行定期定值投資策略。定期定值也需要較大的膽量與資金彈性,因為它會要求你在市場下跌時,投入更多資金。而在市場一片悲觀,瘋狂下殺時,採用定期定值的投資人,卻是要瘋狂買進。請不要低估這麼做所需要的膽量與勇氣,假如在前些年的次貸風暴引發的全球股市重挫之際,你心中想的是如何停損賣出,轉換標的以求心安,而非見獵心喜,想說跳樓大拍賣終於來了,可以買進更多,那很明顯地,定期定值不是你該使用的方法。

對大多數人來說,採用簡單的定期定額方法,然後每一到兩年就調升投資金額,是最簡易可行的定期投資策略。

4-5 破解定期投資的 4 大迷思

◎ 迷思 1　定期投資保證賺錢

定期投資的主要理由，在於投資人幾乎無法事先掌握市場的起伏，因此將資金投入時點分散在一段很長的時間之中，以期能避開資金投入時點不佳的風險。

另外，定期投資所需要的定期資金來源，也符合一般上班族的收入狀況。將累積的薪水收入定期投入金融市場，剛好可形成固定投資的習慣。

但是，定期投資不是金融市場的萬靈丹，它只是個資金投入的方法。它能否為投資人帶來正報酬，最重要的決定因素，仍在於定期投資所投入的市場，或使用的基金表現。

假如長期投資的市場或基金是向下的走勢，定期投資也無法改變這樣的事實。畢竟定期投資無法改變投資標的的走勢。定期投資沒有化腐朽為神奇的力量。

許多鼓吹定期投資的說詞中，都提到微笑曲線一詞。說在低點持續投入，日後便能享受市場漲回時的成果。但市場所能展現的曲線類別，絕非只有微笑。它也可以在你投資的年限內，都是一張哭喪的臉，讓你完全高興不起來。

就像所有投資方法一樣，定期投資有賺錢的可能，必然也有虧損的可能。投資人必須接受這個事實。避免單一市場的不

佳表現對整體投資產生不良影響的做法與解答，在於將資金分散在不同的市場中。實際做法將在第五堂課有更詳細的討論。

◉ 迷思 2　只有高波動市場才適合定期投資

定期定額因為可以降低投入資金的平均買進價格，所以被認為適合用來投入波動激烈的市場。

先來看個例子。假如每月投資 100 元，分別進入一個高波動的基金，譬如股票型基金，和一個低波動的基金，譬如債券型基金。總共投入五次，累積投資金額 500 元。高波動基金與低波動基金的每月投資價位與購得單位數如表 4-8 所示：

▶ 表 4-8

投入次數	高波動的基金		低波動的基金	
	買進價格	單位數	買進價格	單位數
1	10	10.00	10	10.00
2	6	16.67	10.2	9.80
3	12	8.33	9.8	10.20
4	15	6.67	10.5	9.52
5	8	12.50	10.2	9.80
	累積單位數	54.17	累積單位數	49.34
	平均成本	9.23	平均成本	10.13

表中我們可以看到，高波動基金最高價格為 15 元，最低 6 元，在定期投入之後，可以拿到 9.23 元的平均價格。而這五次買進價格的算術平均是 10.2 元，定期投入則降低了約 1 元的平

均投入價格。

低波動基金最高價格為 10.5 元，最低為 9.8 元。定期投入可以獲得 10.13 元的平均價格，而這五次買進價格的算術平均是 10.14 元。定期投入只降低了 0.01 元的平均投入價格。

定期定額投資，在高波動的投資標的中，降低平均投入價格的效果較為明顯。但是，定期定額適用於高波動的標的，不代表高波動的標的才適合定期定額。後面這句論述是一種邏輯顛倒。

有的投資人想說，既然使用了定期定額，那就要選高波動的標的。為了定期定額而特意去選擇高波動的市場，是讓投資方法決定你的投資標的，是一種本末倒置。不論是定期投資還是其他的資金投入方法，它們的目的都在於滿足你的投資目標，而不是讓你的投資目標，去滿足這些投入方法。

以為定期定額只適用於高波動標的的投資人，往往過於著重定期定額投資的降低平均買進價格的效果。沒錯，在低波動的投資，定期定額壓低平均價格的效果很有限。但是，定期投資的首要目的，不是降低平均買進價格。它的主要目的，在於讓投資人將資金分散在不同的時點，避免在單一時點大量買進，而事後回顧，發現那是一個非常不好的時點的風險。

「在時間上進行分散」才是定期投資的首要目標，只要投資人想在時間上分散，那麼他就可以採行定期投資。定期定額所帶來的降低平均買進價格的效果，只是它的額外作用，不是它的主要目的。我們不是為了降低平均價格，才使用定期定額

投資這種資金投入法。使用這個方法的最主要目的，是要將資金投入時點分散開來。

即便是像穩定型債券基金，也會有淨值的波動。在表 4-8 中的假想例子，假如在低波動基金使用單筆投資，仍是有在期間的最高點，也就是單位淨值 10.5 時，全部投入的風險。定期投資可以消弭這個風險。

不要再聽信高波動市場適合定期投資，低波動基金市場適合單筆投資的說法了。不論波動是高是低，只要你無法事先掌握市場的方向（這是太多人都不願意承認的一件事），你就可以使用定期投入的方法，確保自己不會在最差的時點投入大量的資金。

◎ 迷思 3　定期投資要適時停損停利

定期投資最適合用於長期的投資計畫，它是投資人面對難以掌握的市場走勢的絕佳對策。因為我們承認市場走勢難以預測，所以我們選用分時投入的策略，將自己的資金，變成一條長長的水流，每隔一段時間，就加入一些新的資金活水，然後在提領時，也是分批提出。

承認市場走勢無法持續準確的預測，以及將資金分散開來形成水流的概念，是定期投資的核心要領。

有些表面看來相當可行的方法，會破壞定期投資的初衷。最明顯的例子，就是根據一些簡單的方法，想要將定期投資適時做出暫停投資、全部贖回的動作。在基金投資方面，最盛行

的此類做法莫過於將定期投資與停損停利搭配使用。

停損停利，唯有在投資人知道未來市場走勢時，才會有效。在第七堂課將有更詳細的討論，在這裡，先進行簡單的解說。譬如投資人常在無法預期未來市場走勢的狀況下，單憑帳面的盈虧數字，就下達了停利的指令。那麼，倘若在他停利之後，市場繼續向上，那麼這個停利便是錯誤的動作。它讓投資人錯失了原是唾手可得的報酬。停損也是一樣。投資人假如單憑虧損數字，就進行停損，而投資標的在投資人出場後，反轉向上，那麼投資人又將再次錯失弭平損失或甚至獲利的機會。

停損停利只有在投資人能掌握未來市場走勢時才有效果。譬如你知道現在手上有獲利的投資，日後再也漲不上去了，所以你停利；如果你知道現在手上虧損的投資，未來再也漲不回來，那麼你停損，這些才是有用的停損停利。唯有在可以正確預知未來走勢的狀況下，停損停利才會是正確而且合理的行為。

我們回頭看定期投資。採取定期投資的根源，在於我們承認市場走勢無法預測。假如我們已經承認市場走勢無法預測，那麼為什麼還要採用要能預知市場走勢才會有用的停損停利呢？簡單設下 20% 停利，不代表你在 20% 停利之後，市場就會反轉向下。有時在出場之後，市場繼續勇猛向上，你才會驚覺停利讓你錯失大段漲幅。

我們以實際例子進行驗證。以富達歐洲基金為例，從 2005年初到 2009 年底這五年間，每月初定期定額投資 1,000 歐元，所得到的成績如表 4-9：

▶ 表 4-9　定期定額投資富達歐洲基金 (2005/1~2009/12)

日期	基金淨值	投資金額	購得單位數
2005/1/4	8.1060	1,000	123.37
2005/2/1	8.3720	1,000	119.45
2005/3/1	8.7510	1,000	114.27
2005/4/1	8.6870	1,000	115.11
2005/5/2	8.3910	1,000	119.18
2005/6/1	8.9170	1,000	112.15
2005/7/1	9.2940	1,000	107.60
2005/8/1	9.6590	1,000	103.53
2005/9/1	9.9080	1,000	100.93
2005/10/3	10.3500	1,000	96.62
2005/11/1	9.8620	1,000	101.40
2005/12/1	10.4100	1,000	96.06
2006/1/2	10.7300	1,000	93.20
2006/2/1	11.3900	1,000	87.80
2006/3/1	11.5200	1,000	86.81
2006/4/3	11.7000	1,000	85.47
2006/5/1	11.7800	1,000	84.89
2006/6/1	11.0600	1,000	90.42
2006/7/3	10.9900	1,000	90.99
2006/8/1	10.9900	1,000	90.99
2006/9/1	11.3300	1,000	88.26
2006/10/2	11.2900	1,000	88.57

2006/11/1	11.7700	1,000	84.96
2006/12/1	11.7000	1,000	85.47
2007/1/2	12.3700	1,000	80.84
2007/2/1	12.6400	1,000	79.11
2007/3/1	12.0700	1,000	82.85
2007/4/2	12.6100	1,000	79.30
2007/5/1	12.9800	1,000	77.04
2007/6/1	13.6700	1,000	73.15
2007/7/2	13.5300	1,000	73.91
2007/8/1	12.8400	1,000	77.88
2007/9/3	12.8800	1,000	77.64
2007/10/1	13.3100	1,000	75.13
2007/11/1	13.3800	1,000	74.74
2007/12/3	12.8500	1,000	77.82
2008/1/2	12.7700	1,000	78.31
2008/2/1	11.5100	1,000	86.88
2008/3/3	11.1500	1,000	89.69
2008/4/1	10.9400	1,000	91.41
2008/5/1	11.3500	1,000	88.11
2008/6/2	11.5800	1,000	86.36
2008/7/1	10.5500	1,000	94.79
2008/8/1	10.1100	1,000	98.91
2008/9/1	10.2700	1,000	97.37
2008/10/1	9.2310	1,000	108.33

2008/11/3	8.0000	1,000	125.00
2008/12/1	6.9210	1,000	144.49
2009/1/2	7.1470	1,000	139.92
2009/2/2	6.7760	1,000	147.58
2009/3/2	6.0360	1,000	165.67
2009/4/1	6.5320	1,000	153.09
2009/5/1	7.2510	1,000	137.91
2009/6/1	7.8060	1,000	128.11
2009/7/1	7.5140	1,000	133.08
2009/8/3	8.0280	1,000	124.56
2009/9/1	8.0560	1,000	124.13
2009/10/1	8.4140	1,000	118.85
2009/11/2	8.2750	1,000	120.85
2009/12/1	8.6520	1,000	115.58

在這段期間，單進行定期定額投資，不與任何停損停利併用，共投資了 6 萬歐元，最後累積 6,095.87 單位數，投資總值 5 萬 2,741.49，報酬率為 -12.10%[34]。

基金投資方面，最盛行的說法是「停利不停損」。我們就來看停利不停損，是否可以帶來較好的結果。在此分為兩種狀況：

【狀況 1】20% 停利，完全不停損。停利所得資金，就分散成 12 個月，再行投入。如此做法，這五年的投資結果如下：

---

34. 這個報酬率數字仍是以（終點價值－初始價值）÷ 初始價值算出的簡單報酬率。正確的算法應使用內部報酬率計算。但這個數字不影響本文的討論，為了讓內文更容易理解，因此以這個簡單的報酬率數字來呈現。

▶ 表 4-10

日期	基金淨值	投資金額	累積投資金額	購得單位數	累積單位數	累積單位數總值	報酬率
2005/1/4	8.1060	1,000	1,000	123.37	123.37	1,000	0%
2005/2/1	8.3720	1,000	2,000	119.45	242.81	2,032.82	1.64%
2005/3/1	8.7510	1,000	3,000	114.27	357.08	3,124.84	4.16%
2005/4/1	8.6870	1,000	4,000	115.11	472.20	4,101.99	2.55%
2005/5/2	8.3910	1,000	5,000	119.18	591.37	4,962.22	-0.76%
2005/6/1	8.9170	1,000	6,000	112.15	703.52	6,273.28	4.55%
2005/7/1	9.2940	1,000	7,000	107.60	811.12	7,538.51	7.69%
2005/8/1	9.6590	1,000	8,000	103.53	914.65	8,834.56	10.43%
2005/9/1	9.9080	1,000	9,000	100.93	1,015.57	10,062.31	11.80%
2005/10/3	10.3500	1,000	10,000	96.62	1,112.19	11,511.19	15.11%
2005/11/1	9.8620	1,000	11,000	101.40	1,213.59	11,968.44	8.80%
2005/12/1	10.4100	1,000	12,000	96.06	1,309.65	13,633.49	13.61%
2006/1/2	10.7300	1,000	13,000	93.20	1,402.85	15,052.58	15.79%
2006/2/1	**11.3900**	**2,332**	**2,332**	**204.74**	**204.74**	**2,332**	**0%**
2006/3/1	11.5200	2,332	4,664	202.43	407.17	4,690.62	0.57%
2006/4/3	11.7000	2,332	6,996	199.32	606.49	7,095.91	1.43%
2006/5/1	11.7800	2,332	9,328	197.96	804.45	9,476.43	1.59%
2006/6/1	11.0600	2,332	11,660	210.85	1,015.30	11,229.22	-3.69%
2006/7/3	10.9900	2,332	13,992	212.19	1,227.49	13,490.15	-3.59%
2006/8/1	10.9900	2,332	16,324	212.19	1,439.69	15,822.15	-3.07%
2006/9/1	11.3300	2,332	18,656	205.83	1,645.51	18,643.64	-0.07%

2006/10/2	11.2900	2,332	20,988	206.55	1,852.07	20,909.82	-0.37%
2006/11/1	11.7700	2,332	23,320	198.13	2,050.20	24,130.82	3.48%
2006/12/1	11.7000	2,332	25,652	199.32	2,249.51	26,319.30	2.60%
2007/1/2	12.3700	2,332	27,984	188.52	2,438.03	30,158.48	7.77%
2007/2/1	12.6400	1,000	28,984	79.11	2,517.15	31,816.74	9.77%
2007/3/1	12.0700	1,000	29,984	82.85	2,600.00	31,381.97	4.66%
2007/4/2	12.6100	1,000	30,984	79.30	2,679.30	33,785.97	9.04%
2007/5/1	12.9800	1,000	31,984	77.04	2,756.34	35,777.31	11.86%
2007/6/1	13.6700	1,000	32,984	73.15	2,829.49	38,679.19	17.27%
2007/7/2	13.5300	1,000	33,984	73.91	2,903.40	39,283.06	15.59%
2007/8/1	12.8400	1,000	34,984	77.88	2,981.29	38,279.71	9.42%
2007/9/3	12.8800	1,000	35,984	77.64	3,058.93	39,398.96	9.49%
2007/10/1	13.3100	1,000	36,984	75.13	3,134.06	41,714.30	12.79%
2007/11/1	13.3800	1,000	37,984	74.74	3,208.80	42,933.68	13.03%
2007/12/3	12.8500	1,000	38,984	77.82	3,286.62	42,233.02	8.33%
2008/1/2	12.7700	1,000	39,984	78.31	3,364.92	42,970.09	7.47%
2008/2/1	11.5100	1,000	40,984	86.88	3,451.81	39,730.28	-3.06%
2008/3/3	11.1500	1,000	41,984	89.69	3,541.49	39,487.63	-5.95%
2008/4/1	10.9400	1,000	42,984	91.41	3,632.90	39,743.92	-7.54%
2008/5/1	11.3500	1,000	43,984	88.11	3,721.01	42,233.41	-3.98%
2008/6/2	11.5800	1,000	44,984	86.36	3,807.36	44,089.24	-1.99%
2008/7/1	10.5500	1,000	45,984	94.79	3,902.15	41,167.66	-10.47%
2008/8/1	10.1100	1,000	46,984	98.91	4,001.06	40,450.71	-13.91%
2008/9/1	10.2700	1,000	47,984	97.37	4,098.43	42,090.88	-12.28%

2008/10/1	9.2310	1,000	48,984	108.33	4,206.76	38,832.61	-20.72%
2008/11/3	8.0000	1,000	49,984	125.00	4,331.76	34,654.09	-30.67%
2008/12/1	6.9210	1,000	50,984	144.49	4,476.25	30,980.12	-39.24%
2009/1/2	7.1470	1,000	51,984	139.92	4,616.17	32,991.75	-36.53%
2009/2/2	6.7760	1,000	52,984	147.58	4,763.75	32,279.15	-39.08%
2009/3/2	6.0360	1,000	53,984	165.67	4,929.42	29,753.98	-44.88%
2009/4/1	6.5320	1,000	54,984	153.09	5,082.51	33,198.97	-39.62%
2009/5/1	7.2510	1,000	55,984	137.91	5,220.42	37,853.30	-32.39%
2009/6/1	7.8060	1,000	56,984	128.11	5,348.53	41,750.64	-26.73%
2009/7/1	7.5140	1,000	57,984	133.08	5,481.62	41,188.87	-28.97%
2009/8/3	8.0280	1,000	58,984	124.56	5,606.18	45,006.42	-23.70%
2009/9/1	8.0560	1,000	59,984	124.13	5,730.31	46,163.39	-23.04%
2009/10/1	8.4140	1,000	60,984	118.85	5,849.16	49,214.84	-19.30%
2009/11/2	8.2750	1,000	61,984	120.85	5,970.01	49,401.81	-20.30%
2009/12/1	8.6520	1,000	62,984	115.58	6,085.59	52,652.50	-16.40%

在 2006 年 2 月 1 日，投資累積的 1,402.85 單位數，有 22.91% 的報酬率。於是執行停利贖回，得到 1 萬 5,978 歐元。這筆資金分散在 12 個月，加在原先每月投入的 1,000 歐元一併投入。所以自 2006 年 2 月起，有 12 個月，投資金額是 (15978÷12) +1000，等於 2,332 歐元。

這五年期間，只有執行一次停利。共投資 6 萬 2,984 歐元，累積 6,085.59 單位數，投資總值 5 萬 2,652.50，報酬率為 -16.40%。

【狀況 2】改成 10% 停利，完全不停損。停利所得資金，一樣
　　　　分散成 12 個月分批再行投入。如此做法，這五年的
　　　　投資結果如表 4-11：

▶ 表 4-11

日期	基金淨值	投資金額	累積投資金額	購得單位數	累積單位數	累積單位數總值	報酬率
2005/1/4	8.1060	1,000	1,000	123.37	123.37	1,000	0.00%
2005/2/1	8.3720	1,000	2,000	119.45	242.81	2,032.82	1.64%
2005/3/1	8.7510	1,000	3,000	114.27	357.08	3,124.84	4.16%
2005/4/1	8.6870	1,000	4,000	115.11	472.20	4,101.99	2.55%
2005/5/2	8.3910	1,000	5,000	119.18	591.37	4,962.22	-0.76%
2005/6/1	8.9170	1,000	6,000	112.15	703.52	6,273.28	4.55%
2005/7/1	9.2940	1,000	7,000	107.60	811.12	7,538.51	7.69%
2005/8/1	**9.6590**	**1,653**	**1,653**	**171.14**	**171.14**	**1,653**	**0.00%**
2005/9/1	9.9080	1,653	3,306	166.83	337.97	3,348.61	1.29%
2005/10/3	10.3500	1,653	4,959	159.71	497.68	5,151.00	3.87%
2005/11/1	9.8620	1,653	6,612	167.61	665.29	6,561.13	-0.77%
2005/12/1	10.4100	1,653	8,265	158.79	824.08	8,578.71	3.80%
2006/1/2	10.7300	1,653	9,918	154.05	978.14	10,495.42	5.82%
2006/2/1	**11.3900**	**2,255**	**2,255**	**197.98**	**197.98**	**2,255**	**0.00%**
2006/3/1	11.5200	2,255	4,510	195.75	393.73	4,535.74	0.57%
2006/4/3	11.7000	2,255	6,765	192.74	586.46	6,861.61	1.43%
2006/5/1	11.7800	2,255	9,020	191.43	777.89	9,163.53	1.59%
2006/6/1	11.0600	2,255	11,275	203.89	981.78	10,858.45	-3.69%

2006/7/3	10.9900	2,255	13,530	205.19	1,186.96	13,044.72	-3.59%
2006/8/1	10.9900	2,255	15,785	205.19	1,392.15	15,299.72	-3.07%
2006/9/1	11.3300	2,255	18,040	199.03	1,591.18	18,028.05	-0.07%
2006/10/2	11.2900	2,255	20,295	199.73	1,790.91	20,219.41	-0.37%
2006/11/1	11.7700	2,255	22,550	191.59	1,982.50	23,334.04	3.48%
2006/12/1	11.7000	2,255	24,805	192.74	2,175.24	25,450.27	2.60%
2007/1/2	12.3700	2,255	27,060	182.30	2,357.53	29,162.68	7.77%
2007/2/1	**12.6400**	**3,483**	**3,483**	**275.55**	**275.55**	**3,483**	**0.00%**
2007/3/1	12.0700	3,483	6,966	288.57	564.12	6,808.93	-2.25%
2007/4/2	12.6100	3,483	10,449	276.21	840.33	10,596.56	1.41%
2007/5/1	12.9800	3,483	13,932	268.34	1,108.67	14,390.48	3.29%
2007/6/1	13.6700	3,483	17,415	254.79	1,363.46	18,638.46	7.03%
2007/7/2	13.5300	3,483	20,898	257.43	1,620.89	21,930.58	4.94%
2007/8/1	12.8400	3,483	24,381	271.26	1,892.15	24,295.17	-0.35%
2007/9/3	12.8800	3,483	27,864	270.42	2,162.57	27,853.85	-0.04%
2007/10/1	13.3100	3,483	31,347	261.68	2,424.25	32,266.76	2.93%
2007/11/1	13.3800	3,483	34,830	260.31	2,684.56	35,919.45	3.13%
2007/12/3	12.8500	3,483	38,313	271.05	2,955.61	37,979.63	-0.87%
2008/1/2	12.7700	3,483	41,796	272.75	3,228.36	41,226.19	-1.36%
2008/2/1	11.5100	1,000	42,796	86.88	3,315.24	38,158.45	-10.84%
2008/3/3	11.1500	1,000	43,796	89.69	3,404.93	37,964.96	-13.31%
2008/4/1	10.9400	1,000	44,796	91.41	3,496.34	38,249.93	-14.61%
2008/5/1	11.3500	1,000	45,796	88.11	3,584.44	40,683.42	-11.16%
2008/6/2	11.5800	1,000	46,796	86.36	3,670.80	42,507.85	-9.16%

2008/7/1	10.5500	1,000	47,796	94.79	3,765.59	39,726.92	-16.88%
2008/8/1	10.1100	1,000	48,796	98.91	3,864.50	39,070.07	-19.93%
2008/9/1	10.2700	1,000	49,796	97.37	3,961.87	40,688.39	-18.29%
2008/10/1	9.2310	1,000	50,796	108.33	4,070.20	37,572.00	-26.03%
2008/11/3	8.0000	1,000	51,796	125.00	4,195.20	33,561.59	-35.20%
2008/12/1	6.9210	1,000	52,796	144.49	4,339.69	30,034.97	-43.11%
2009/1/2	7.1470	1,000	53,796	139.92	4,479.61	32,015.74	-40.49%
2009/2/2	6.7760	1,000	54,796	147.58	4,627.19	31,353.81	-42.78%
2009/3/2	6.0360	1,000	55,796	165.67	4,792.86	28,929.69	-48.15%
2009/4/1	6.5320	1,000	56,796	153.09	4,945.95	32,306.95	-43.12%
2009/5/1	7.2510	1,000	57,796	137.91	5,083.86	36,863.08	-36.22%
2009/6/1	7.8060	1,000	58,796	128.11	5,211.97	40,684.63	-30.80%
2009/7/1	7.5140	1,000	59,796	133.08	5,345.05	40,162.73	-32.83%
2009/8/3	8.0280	1,000	60,796	124.56	5,469.62	43,910.09	-27.77%
2009/9/1	8.0560	1,000	61,796	124.13	5,593.75	45,063.24	-27.08%
2009/10/1	8.4140	1,000	62,796	118.85	5,712.60	48,065.80	-23.46%
2009/11/2	8.2750	1,000	63,796	120.85	5,833.44	48,271.75	-24.33%
2009/12/1	8.6520	1,000	64,796	115.58	5,949.02	51,470.96	-20.56%

　　這五年期間，共執行了三次停利。第一次是在 2005 年 8 月 1 日，先前累積的 811.12 單位數，達到 11.92% 的報酬，已到達 10% 的停利界線，於是停利贖回，得到 7,835 歐元，分散在 12 個月中分批投入，所以接下來的每月投資金額為 (7,835÷12)+1,000，等於 1,653 歐元。

在以每月 1,653 歐元投資了六個月後，累積的 978.14 單位數，在 2006 年 2 月 1 日達到 12.33% 的報酬率，於是執行第二次停利贖回，得到 1 萬 1,141 歐元。之前第一次停利所得資金，尚有六個月未投入，還有 653×6，等於 3,918 歐元的資金。所以將第一次停利未投入資金，與第二次停利所得資金合併，再分成 12 個月分批投入。所以接下來的每月投資金額為 (3,918+11,141)÷12 + 1,000，等於 2,255 歐元。

在以每月 2,255 歐元投入 12 個月後，累積的 2,357.53 單位數，在 2007 年 2 月 1 日達到 10.12% 的報酬率，所以執行第三次停利。所得 2 萬 9,799 歐元，分散在接下來的 12 個月。所以接下來 12 個月的每月投資金額為 (29,799÷12) + 1,000，等於 3,483 歐元。

這樣投資的結果，共投資了 6 萬 4,796 歐元，最後累積 5,949.02 單位數，投資總值 5 萬 1,470.96 歐元，報酬率為 -20.56%。

最後，將這三個定期定額做法的結果整理如表 4-12：

▶ 表 4-12

	單純定期定額	20% 停利，不停損	10% 停利，不停損
總投資金額	60,000	62,984	64,796
投資總值	52,741.49	52,652.50	51,470.96
報酬率	-12.10%	-16.40%	-20.56%

從表中可以看到，不論是 20% 停利還是 10% 停利，在最後的投資總值與報酬率方面，皆遜於單純不進行任何停損停利的定期定額。

為什麼會這樣？因為在這個例子中，執行停利讓資金離開市場，結果不是避開下跌，而是錯失了資金在繼續上漲的市場中持續獲利的機會。無法預知市場的走勢，呆呆地將停損停利當「紀律」在執行，就可能帶來這樣的後果。

我們知道，面對變化莫測的金融市場，承認自己無法預知市場的走勢，恐怕是比較明智的做法。而定期投資策略，就是面對無法預測的市場走勢的對應策略。停損停利絕非把它當成一種信仰，就會為投資人帶來較好的投資成果。停損停利要在可以預知未來市場走勢時，才會有效。

所以同時採用定期投資策略與停損停利，是一種投資邏輯上的根本矛盾。這就像一位信徒，在清真寺裡讚頌阿門。你不禁會懷疑，他的信仰到底是什麼？那些倡議定期投資策略加上停損停利等方法的人，心中的核心投資概念到底是什麼？

或許，停損停利表面看起來太誘人、太可行，許多投資人只看到這個方法的表面，卻從未思索其深層涵意，才會造成這樣矛盾的行為。

再者，不論是停損還是停利，這種將先前投入的資金，在同一時點賣出的動作，將完全破壞定期投資的水流概念。一旦將先前的投資賣出，這條資金水流就會被收成一個團塊。而投資人將再次以團塊的概念，處理自己的資金。

　　既然使用定期投資策略，就不要再有「假如可以適時的停利一下，不知道有多好」這類想法（假如這位投資人可以適時進出市場，那他也根本不需要定期投資了），也不要再理會那類「你看，假如沒有停利，你的獲利在之後的下跌將完全消失或甚至變成虧損」說法。回頭看，誰不知道該在哪個時點進出。問題是在當時，你如何能知道未來的走勢？不要再相信那些事後半仙的堂皇說詞，因為那些人，往往連自己是在放馬後炮都不知道。

　　唯有看清市場的不可預測性，並且想好面對難以預測的市場走勢該採何種投資策略，投資人才能堅持完成自己的投資計畫。

◎ 迷思 4　市場下跌須中止定期投資

　　在市場下挫時，特別是下跌幅度嚴重，且為時甚久的跌勢中，投資人之間會開始出現一種說法：「為了中止損失，何不暫時停止定期投資，或等到市況好轉時再行投入？一直將錢投入不知道要跌到何時的市場，難道真是一個明智的策略嗎？」

　　表面看來，這種說詞很有道理。為什麼要持續投入，眼睜睜看著投入的資金出現虧損？何不等一下呢？

　　我們用個假想狀況來驗證一下。假設在 12 個月的期間，出現一個標準的 U 型走勢。基金淨值從 10 元開始跌，每個月跌掉 1 元，最後在每股 5 元時形成谷底，之後再以每月漲 1 元的速度，漲回每股 10 元。

　　我們用兩種投資方式進行實驗，分別是「定期定額」與「反彈後再投入」。定期定額的投資方法，就是每個月投入 1,000元。反彈後再投入，則很漂亮地從谷底的每股 5 元開始投資，每月投入 2,000 元。情形如表 4-13：

▶ 表 4-13

日期	基金淨值	定期定額		反彈後再投入	
		投入金額	購得股數	投入金額	購得股數
1	10	1,000	100.00	0	0.00
2	9	1,000	111.11	0	0.00
3	8	1,000	125.00	0	0.00
4	7	1,000	142.86	0	0.00
5	6	1,000	166.67	0	0.00
6	5	1,000	200.00	0	0.00
7	5	1,000	200.00	2,000	400.00
8	6	1,000	166.67	2,000	333.33
9	7	1,000	142.86	2,000	285.71
10	8	1,000	125.00	2,000	250.00
11	9	1,000	111.11	2,000	222.22
12	10	1,000	100.00	2,000	200.00
	總股數	1,691.27			1,691.27
	總值	16,912.70			16,912.70

※「購得股數」數值為四捨五入後結果，加總後會與「總股數」數值有些微差異。

　　從表中可以看到，不論是定期定額或是反彈後再投入，兩種投入方法的投資總額都是 1 萬 2,000 元，且所購得的總累積股數

都是 1,691.27，價值都是 1 萬 6,912 元，獲利都是 4,912 元 [35]。

也就是說，以定期定額走完這一段市場下跌，與**準確地抓到市場最低點**，然後再將先前未投入的資金開始投入，所獲得的效果是一樣的。

請問，抓到市場最低點的難度如何？

不要再聽信「市場下跌時可以中止定期定額、暫時觀望，等市場反轉後再投入」這種說法了。這種做法的常見後果是，市場已經反轉到不知道哪裡去了，投資人還在場邊觀望（大多數投資人在憚思竭慮之後，卻仍抓不到最低點，有抓到的恐怕是運氣好，不是功課好）！

投資人只要放棄想要抓低點的企圖，採行看似完全沒在動腦的定期定額，在效果上，與在最低點再開始投入是一樣的。

要在投資時點上贏過定期投資，其實遠比想像中困難。有許多人將投資的重點與精力，完全放在時機的選擇上。不過，投資時機這個問題的解決方法，也可以是完全不去想它，不把它當成一個問題。而常常，這麼做還得到比較好的成果呢！

定期定值投資策略 (Value Averaging)

關於定期投資策略進一步的討論，可參考麥克・艾道森所寫的《定期定值投資策略》（Value Averaging）。書中對於定期投資的根本理由與實際做法，都有深入的討論。

---

35. 以正規算法內部報酬率計算的話，反彈後再投入在六個月內創造了與定期定額投資花了 12 個月才得到的相同獲利，賺錢效率當然是高出許多。但這個例子的主要用意在於顯示定期定額持續地買進，其平均買進成本其實與在最低點再開始買進是一樣的。

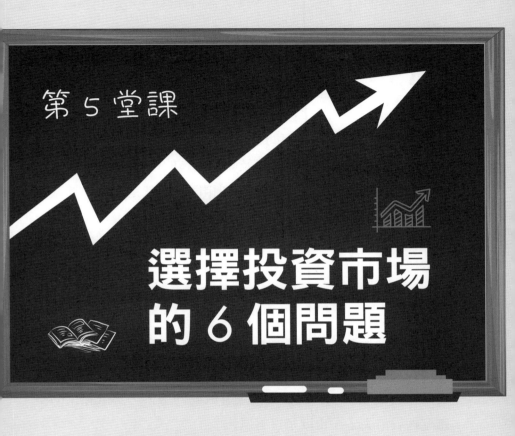

第 5 堂課

選擇投資市場
的 6 個問題

5-1 Q1：我該投資哪種 資產類別？

　　處理完投資時點這個問題之後，投資人面對的下一個問題是，要投資哪種資產類別，以及哪個地區的金融市場。

　　問題雖有不同，但處理的原則相同，那就是仍以「風險」為優先考量。

　　投資人常認為，因為股票的報酬較高，所以資金應該完全投資股市，以獲取較高的報酬。假如在投資組合之中納入公債或高評等公司債這種相對安穩的資產類別，將會拖累整體報酬，帶來較低的報酬率。

　　在此，讓我們回到「風險」兩字最基本的定義：假如投資股市可以保證獲取比債券或是定存更高的報酬，那麼，股市投資就沒有風險了；假如股市一定有較高的報酬，那麼結果的不確定性就消失了，也就是沒有風險。

◉ 股市報酬可能反而不如公債或定存

　　事實上，股市投資正是因為承擔了報酬有可能比低風險資產高，也有可能比低風險資產差的風險，所以它才有較高的期望報酬。且它也必須有較高的期望報酬，才能吸引投資人買進。否則，假如股票帶來結果更大的不確定性，預期報酬卻不如平穩的公債，那還有誰會買進股票呢？

但我們必須注意的是，股票是有較高的**期望報酬**，但它不是有較高的**實際報酬**。有時回顧過去，我們會看到股票實現了它的風險，而不是它的期望報酬。

2008 年的次貸風暴就提供了一個例子。從 2000~2009 這十年期間，代表美國股市的標普 500 指數的累積報酬是 -9.12%，而美國公債指數則有 90.38% 的報酬。

低風險的債券帶來較高的報酬。

只有美國這樣嗎？我們再來看一下台灣的情形。台灣的加權股價指數在 2000 年第一個營業日收盤在 8,756.55，到 2009 年最後一天收盤的 8,188.11，是 -6.49% 的報酬。[36]

在這十年間，假如每年一開始，投資人就將資金放入銀行做一年期定存，連續十年下來，可以得到 23.83% 的累積報酬。[37]

風險較大的股市報酬，反而不如風險較低的定存！

回顧過去十年，金融海嘯帶來的股市重挫，讓投資人在這期間的績效慘不忍睹。因此，許多人將之稱為「失落的十年」。

其實，失落的是投資人心中股市報酬應該要高於其他低風險資產的期望。在金融史中，這種長期下來，股市報酬反而不如公債或是定存的例子所在多有。其實投資人只要能了解風險兩字的本義，就不會對這種結果感到吃驚與失望。

在這種股市報酬不如預期的狀況下，將部分資金投入債券或是現金（定存），是可以提升報酬的。

假如美國投資人在 2000~2009 年間，採行股債比 60：40

---

36. 比較適合用來評量股市表現的是加權股價報酬指數。但報酬指數自 2003 年才開始有資料。因此在這個十年比較的例子，仍使用加權股價指數來計算股市報酬。
37. 以中央銀行「本國一般銀行存款平均利率歷史資料」計算。詳細資料可見 http://www.cbc.gov.tw/public/Attachment/082516305171.pdf。

的配置,那麼他可以拿到 34.18% 的累積報酬。這十年對他來說,就不會是沒有報酬的年度了。甚至不用高達 40% 的債券比重,只要採行股債比 80：20 的配置,就可以拿到 12.55% 的累積正報酬了。

這個例子也可用來破除一般人認為「資產配置會造成報酬下降」的迷思。

◉ 不同的資產類別,有不同的作用

大多數人習慣採用回顧的觀點,來評估資產配置的效用。譬如一般認為股市的報酬較高,而且在歷史經驗裡,股市的確也較常實現這個預期(但非一定)。所以當我們回顧後發現股市是報酬最高的資產時,這時加入任何其他報酬相對較低的資產類別,譬如債券、現金等,的確通常會拉低報酬。

回顧過去,大家都知道當初應該要買哪種資產。但問題是:望向未來,哪種資產才是實際報酬最高的呢?股票嗎?那可不一定。不要忘記「風險」兩字的本義,就是「結果的不確定」。

從現在開始投資之後,會不會在十年、或甚至二十年後,又再次遇到股市報酬不如預期的狀況?會不會又像 2009 年底回顧的狀況一樣,納入低風險資產,其實是會拉高報酬的?

這都是可能的事!假如你確切知道未來哪種資產將有最佳表現,那麼答案很明顯,你應將全部的資金投入該資產類別之中。但是假如你不知道,也不確定,那麼將資金分散在各種資產類別之間,應是較明智的選擇。

事實上，沒有人知道未來哪一個風險資產會帶來較高的報酬。「不確定性」就是投資的風險。假如有人說他知道確切的答案，那麼他等於是在說，投資有風險的資產，但卻保證可以獲取報酬。這種空口白話，只有兩種人會說：一種是騙人的郎中，另一種是不懂什麼叫風險的人。

投資人應針對未來的不確定性，事先布局，而不是依據自己的猜測，孤注一擲。

猜測未來股市一定會有較佳表現的投資人，會將資金全部投入股市之中，並期待股市果真一飛沖天，為自己帶來龐大財富。

這種投資概念是針對單一可能性進行準備。這類投資人心中所想，往往是「假如未來果真如此，我就發了。」

但是，除了他所設想的狀況之外，未來仍有許多可能。到最後，這類投資人往往在不如預期的狀況發生時，受傷最深。

投資應是針對未來各種不同的經濟狀況做好準備。不同的資產類別，有不同的作用：景氣大好之際，股票讓你參與經濟成長；通貨緊縮之際，現金有保值的效果；通貨膨脹時，抗通膨債券可以維持你的購買力；金融市場動盪之際，高評等公債將發揮保護的效果。

當你的資金分別投入這些資產，你的投資組合便具有在各種不同的經濟狀況下最大的生存機會。

這些各具有不同作用的資產類別，就像特種部隊的士兵。有的專長用刀、有的專門遠距狙擊、有的專長爆破。一個投資

人就像一個特戰隊長，他可以選擇不同專長的士兵來組成自己的小隊。

有時候特戰隊長連續接到遠距狙擊的任務，所以在出任務時，看到專長爆破的大兵在旁無所事事，讓他覺得整個隊伍應該都由狙擊手組成才對，也真的這麼做了。結果下一個任務是──炸橋，隊長赫然發現手下完全無法勝任。投資人應避免類似的想法與錯誤。

身為投資人，當你納入各種資產類別時，你就像一個隊上有各式專長士兵的特戰隊長，各種任務都難不倒你。假如特戰隊長每次都要猜下一個任務內容，然後只帶一種兵，可以想見，他會很常遇到沒人可以解決問題的狀況。同樣地，身為一個投資人，假如常在猜測未來的經濟場景，然後只投資一種資產類別，你會發現，自己的資金常處在錯誤的位置。

不是去臆測未來的經濟發展才是投資專業，替未來的各種可能做好準備，才是務實之策。

投資人不應自大地以為自己知道未來的經濟發展與市場走勢（或是相信有什麼大師可以持續準確地做出預測）。唯有謙遜地為各種可能做好準備，才是穩健踏實的投資人所該採取的策略。

5-2 Q2：我該投資哪個地區或國家？

假如有位投資人想要投入股市，那麼他應該選擇哪個地區或國家呢？

先以股市為例。2008 年金融海嘯前，投資界盛行的概念是，股票投資應選最有發展潛力的新興市場。這些地區的高成長，將帶來最好的報酬。當時各種拉美、東歐、新興市場基金大行其道。

我們來看一下近 26 年，世界各地區的股市報酬。

▶ 表 5-1　近 26 年間，世界各地區的股市報酬

		歐洲	美國	亞太	新興市場
1990~1999	年化報酬	14.50%	19.01%	0.51%	11.06%
	標準差	12.71%	14.39%	27.98%	36.88%
2000~2009	年化報酬	2.44%	-1.29%	-0.27%	10.09%
	標準差	28.53%	21.58%	25.40%	40.33%
2010~2015	年化報酬	4.48%	13.01%	5.39%	-0.88%
	標準差	14.63%	11.46%	12.60%	15.92%

上表顯示的是歐洲、美國、亞洲太平洋與新興市場這四個地區的股市，在 1990~1999 年間、2000~2009 年間，以及 2010~2015 年的表現。除了年化報酬之外，表中也列出最常用以衡量波動度的標準差數字[38]。表中的歐洲、美國與亞太地區，

---

38. 資料取自摩根史丹利（MSCI）歐洲、美國、亞太與新興市場股票指數（Europe Index、USA Index、Pac Index、EM Index）。指數類別為計入股息的標準美元計價核心指數（Gross, USD, Standard core）。

都是僅包括該地的已開發市場；新興市場則包含了亞洲、拉美與東歐三地的新興股市。

我們可以看到，在 2000~2009 這十年期間，新興市場的確是這四個區塊中報酬率最高的地區。10.09% 的年化報酬，遠勝過歐美與亞太成熟市場。

但在 1990~1999 這個更早的十年期間，我們看到新興市場雖然也有年化 11.06% 的報酬，但卻比不上歐洲與美國的報酬。而且新興市場 36.88% 的標準差，雖遠高於歐洲與美國成熟市場，卻帶來較低的報酬。很顯然在這段期間，新興市場並未帶給投資人足以彌補其高風險的報酬。

歷史帶給我們幾點認知：所謂新興市場報酬最高，其實只是 2000~2009 年間的現象，而非從古至今都適用的通則。根據「新興市場報酬較高」這個論點所衍生出來的投資策略，譬如國際股市投資就只投入新興市場，或是新興市場停利可以設 30%，而成熟國家股市可以設 10% 等[39]，全都建立在最近的市場狀況，並且假設未來的市場狀況將和近十年相同──這是一個站不住腳的假設。

之後的發展，果然驗證了這點。2010~2015 年間，新興市場以 -0.88% 的年化報酬，成為四地區表現最差的地區。在金融海嘯之前，因為雙赤字、美元趨弱等問題不被看好的美國股市，反而表現最好。於是我們現在又看到各大基金業者，開始推廣美國基金。

單一地區市場看好的理由，譬如內需強勁，持續發展、科

---

39. 停利本身就沒道理，以為新興市場停利點可以設比較高，更是以短期過去經驗訂下的看後照鏡投資法。關於停利的缺失，第七章有更深入的討論。

技創新等，往往只是過去績效的輔助說明，不是未來仍會如此的保證。若是相信這些說詞，你將會一而再、再而三的成為買在高點的投資人。

事實是，沒有人可以 100% 的正確預知，未來十年哪個地區的市場會有最好的表現。

未來美國股市是否會持續金融海嘯以來的優異表現，繼續領先其他地區？或是新興市場將可以擺脫近年的低迷，聲勢重振？或是歐洲終於解決債務危機，表現一飛沖天？

都有可能。開放心胸納入這種種可能，並為這些可能做好準備，而不是一意孤行地以為未來一定會怎樣，才是真正明智的投資人所應採取的策略。

「股市投資」應進行全球分散，將各大市場都納入。投資人假如將資金重壓單一區域或國家，而該市場卻表現低劣，將帶來悲慘的投資結果。分散全球的投資策略，可以避開這個可能。

5-3 Q3：各地區的比重如何拿捏？

　　有人問：假如要進行全球分散，那麼各個地區應分別配置多少的比重呢？

　　我們一樣延續上節將全球股市分為歐洲、美國、亞太與新興市場的分類，來看看在這四個市場之中，分散投資的效果如何。

◎ 1990~1999 年，將資金平均分配 4 大地區的效果

　　一個最簡單的做法，就是將資金平均分給四個地區，讓它們在股市投資組合中的比重都是 25%。這樣分散投資的成果，計算如下表：

▶ 表 5-2　資金平均分配到各市場（1990~1999）

	歐洲	美國	亞太	新興市場	各 25%
年化報酬	14.50%	19.01%	0.51%	11.06%	12.50%
標準差	12.71%	14.39%	27.98%	36.88%	17.23%

　　這是以 1990~1999 年間，摩根史丹利（MSCI）的指數資料計算出來的結果。將年化報酬做 Y 軸，標準差為 X 軸，如下圖：

圖 5-1 1990~1999 年，4 大市場與分散投資的成果

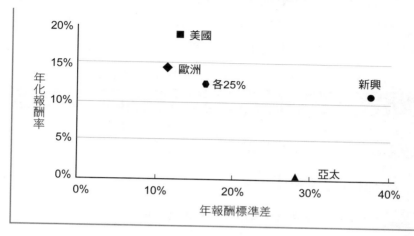

在這張「報酬率 - 標準差」分布圖中，愈往左上角，代表波動愈小且報酬愈高。我們可以看到，將資金平均分給四個地區，在這十年間，其 12.5% 的年化報酬，較接近歐洲與美國的高報酬率。而其 17.23% 的標準差，則遠離新興市場與亞太市場的高波動。也就是說，資金雖然是平分給四個地區，但這個平均分配的投資組合，在波動與報酬率方面，所呈現的不是平均的成果，而是比平均更好。

將資金平均分散，雖然報酬不如歐美兩地，波動也大於歐美市場，但正因為在 1990 年當時，投資人很難事先預知未來哪個市場會有最佳表現。只要將資金分散，就可以在這四個市場之中，獲得一個表現仍相當不錯的投資組合。這就是資產配置的效用。

◎ 2000~2009 年，將資金平均分配 4 大地區的效果

接下來，我們看 2000~2009 年間的狀況。這十年間，各市場與資金平均分配的投資組合的報酬率與標準差如表 5-3：

▶ 表 5-3　資金平均分配到各市場（2000-2009）

	歐洲	美國	亞太	新興市場	各 25%
年化報酬	2.44%	-1.29%	-0.27%	10.09%	3.18%
標準差	28.53%	21.58%	25.40%	40.33%	28.14%

分散投資的成果請見圖 5-2：

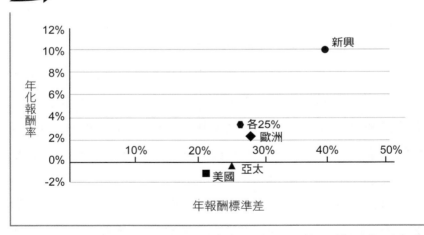

圖 5-2　2000~2009 年，4 大市場與分散投資的成果

在這十年間，這四個地區的市場表現不佳。美國與亞太市場的報酬率皆為負值，歐洲也只有 2.44% 的報酬率，表現最好的是新興市場 10.09% 的年化報酬。但將資金平均分散，所得到的投資報酬，可以勝過美國、亞太與歐洲這三個表現較差的

市場。而其波動性，又比新興市場與歐洲小。

◎ 各地區配置不同比重的效果

面對未來，我們仍不知道到底哪個市場會有最佳表現。不管未來這四個市場將有怎樣的表現與排名，只要將資金分散開來，就像是上面例子中簡單的平均分配，你的投資組合就可以獲得雖不是最好，但仍是相當不錯的波動與報酬特性。

在這四個市場之間，平均分配資金就可以帶來不錯的結果，那不同的配置比重是否會帶來更好的效果呢？

的確，各地區不同的配置的確會帶來不同的結果。一樣以1990~1999 年間為例，除了平均分配之外，我們從 10%~40%之間變動歐洲、美國、亞太與新興市場這四個地區的配置比重，看看會帶來怎樣的效果。

▶ 表 5-4　七種不同配置比重的情形

序號	歐洲：美國：亞太：新興	年化報酬	標準差
1	40：40：10：10	15.32%	12.45%
2	30：30：20：20	13.51%	15.18%
3	25：25：25：25	12.50%	17.23%
4	20：20：30：30	11.43%	19.56%
5	10：10：40：40	9.08%	24.73%
6	40：10：40：10	9.98%	16.99%
7	10：40：10：40	14.90%	18.38%

　　表 5-4 是幾個配置的結果。譬如序號 1，代表的是歐洲、美國、亞太與新興市場的比重分別是 40%、40%、10% 與 10%。在這樣的分配比率下，在 1990~1999 年間會帶來 15.32% 的年化報酬與 12.45% 的標準差。

　　接著再將表中序號 1 到 7 這七個投資組合，與歐洲、美國、亞太、新興市場這四個單一市場的報酬與標準差做圖，如下：

圖 5-3 七種不同的配置比重的投資結果

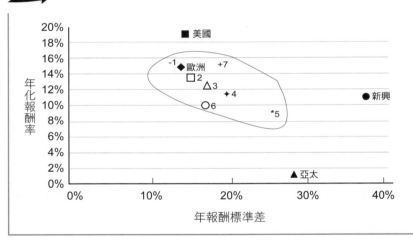

　　這個圖可以讓我們看到幾個重點。首先，雖然各市場的配重在 10%~40% 之間變動，但其結果都落在圖中的圈圈之內。假如看一下圖中分別代表歐洲、美國、亞太與新興市場的點，我們可以看到這個圈圈的範圍不大，且位在這四個單一市場的分布中偏左上角的位置。

　　在這張「報酬率 - 標準差」的圖中，位在左上角即代表報

酬較高，波動較低。也就是說，只要做出在各地區間配置的動作，那麼就可以達到提升報酬與降低風險的效果，讓每一分風險都可以獲得更高的對應報酬。

再來我們可以看到，不同的配重的確會有不同的表現。績效最好的是序號 1 的投資組合，年化報酬達 15.32%。績效最差的是序號 5 的投資組合，年化報酬為 9.08%。

再來，請細看一下序號 1 與序號 5 的配置比重。在這十年間表現最好的歐洲與美國市場，序號 1 分別有高達 40% 的配重，而序號 5 則將 40% 的配重分別放在這十年間表現較差的亞太與新興市場，所以序號 1 會帶來比序號 5 更好的報酬，可說是理所當然。

所以我們是否要努力研究，看未來怎樣的配置比重會帶來最好的報酬或是最小的波動？其實不用。最好的配重就是 100% 壓在未來表現最好的市場。假如你確切知道未來要加重哪個市場才會讓投資組合有較好的表現，那也不用在各地區間進行配置了，就全部投入該單一區域市場就可以了。

◎ 資產配置的重點：處理未來的不確定性

進行資產配置一定要牢記於心的原則就是，因為不知道未來哪種資產、哪個市場會有最好的表現，所以才在各資產與各市場間進行配置。假如可以事先知道怎樣配置會帶來最好的結果，那其實就不需要資產配置了。

資產配置的重點在於處理未來不確定結果的風險，而這正

是投資的要義。許多人在投資時，經常以「試圖預測未來」做為克服未知風險的手段。但問題是，投資能沒有風險嗎？有人可以持續正確地預測未來嗎？假如未來可被預知，那投資不就沒有風險了嗎？預測未來然後以為未來就在掌握之中，這是本末倒置的風險處理。不能接受未來難以預測的事實，等於就是無法接受投資的風險，將會導致許多光怪陸離的投資行為。

在各市場間分散，使得我們可以適應不同的市場狀況。在 1990 年代，歐美股市報酬耀眼，亞太與新興市場報酬相對低落；21 世紀的前十年，則是新興市場獨占鰲頭；未來十年或是二十年會是如何呢？風水輪流轉或是歷史重演呢？

代表這四個地區股市的點，在「報酬率 - 標準差」分布圖中分別落在不同的位置，我們無法預知未來幾年，哪個地區會位居令人稱羨的左上角、哪些國家會位在讓人避之唯恐不及的右下角。但我們幾乎可以確切知道，這些地區的表現將有高下之分。不管未來位在左上或是右下的點，將改成哪個地區的名字，只要投資人在各地區間分散，就可以獲得一個在「報酬率 - 標準差」分布圖中，比較位於左上角的優勢位置。

資產配置的目的，不在於讓投資人壓寶，看能否買中未來爆發大漲的市場，而是讓投資人的投資組合可以適應不同的狀況，在各種不同的場景下都能有還不錯的表現。生物界的「適者生存」原則也可應用於投資界——「資產配置」讓投資人最有可能適應各種不同狀況而生存下來。

當我們靠著資產配置成為投資世界中存活的「適者」，不

是因為我們絕頂聰明、可以正確預測未來市場走勢（其實這恐怕是再聰明也辦不到的事），或是花費大量時間精力研究投資，而是因為我們了解與實行了一個本質健全的投資策略。

　　至於各地區之間要進行怎樣的配重？

　　平均分配法會是最方便管理的方式。美國、歐洲、亞太與新興市場就各配 25%。除了可以完成全球分散投資，也可以達到比投資單一地區市場更好的風險與報酬特性。

5-4 Q4：台股的適當配置比重為何？

　　之前的舉例都採取國際市場的觀點，但身為一個台灣投資人，台股與國際股市之間的比重要如何拿捏呢？

　　我們先來思考一個問題：全部投資台股好嗎？還是混合台股與國際股市會帶來較好的成績嗎？

　　我們同樣分析一下，在過去 26 年台股與國際股市的表現。為了維持資料的一貫性，在這裡舉例用的台股指數一樣選用摩根史丹利編製的台灣股票市場指數（Taiwan Index）[40]。

▶ 表 5-5　近 26 年間，台股與其他國際股市的表現情況

		歐洲	美國	亞太	新興市場	台灣
1990~1999	年化報酬	14.50%	19.01%	0.51%	11.06%	-0.32%
	標準差	12.71%	14.39%	27.98%	36.88%	42.83%
2000~2009	年化報酬	2.44%	-1.29%	-0.27%	10.09%	-0.06%
	標準差	28.53%	21.58%	25.40%	40.33%	38.47%
2010~2015	年化報酬	4.48%	13.01%	5.39%	-0.88%	3.65%
	標準差	14.63%	11.46%	12.60%	15.92%	16.79%

　　我們可以看到，在 1990~1999 年間，台灣股市的報酬敬陪末座，而且還有最高的標準差。至於在 2000~2009 年間，台股成績則是中位排名。在 2010~2015 年間，台股年化報酬只勝過

---

40. 指數類別為計入股息的標準美元計價核心指數（Gross, USD, Standard core）。

新興市場。

在過去這 26 年間，假如台灣投資人可以挪出部分投資股票的資金，投入國際股市，那麼他將可以獲取更高的報酬。

過去歷史驗證了國際股市投資對於台灣投資人的效用，但我們不是看後照鏡在投資，不是因為投資國際股市在過去有用，所以我們未來也要這麼做。或許 20 年後再做出一張這樣的表格，我們會發現台股表現名列第一，而分散到國際股票市場的資金將拉低平均報酬。

◎ 分散投資到國際市場的必要性與比重

進行國際分散最主要的原因，在於我們無法確切知道台股是否會是未來表現最好的市場。或許未來，仍會有某些地區的市場表現比台股更好。將資金分散開來，會讓我們不致錯過外國市場的好表現。萬一，台股日後表現重蹈日本覆轍，長達數十年的時間都無法成長，那麼外國股市將仍可以提供我們資金成長的機會。

在確認國際投資的必要之後，投資人所要面對的問題就是，要放多少比重的資金進入國際市場？

這個問題的答案不在於投資原理，而在於個別投資人對於市場的看法。什麼看法呢？就是他究竟有多在意台股的表現。

有意或無意之間，你都會將自己股市投資績效與某些標準進行比較。身在台灣的你，可能會與當天的加權股價指數比較，可能會與親友同事的績效比較，而你的親友最有可能投資的就

是台灣的股票。假如你常做這些事，常比較自己與台股的績效，那麼你應該加重投資台股。譬如股票資金，80% 放入台股之中，20% 投入國際股市。

這麼一來，台股走勢將對你的股票投資有絕大部分的影響力，你的績效將與台股有較大的連動。你不會與親友和加權指數之間，產生很大的表現落差。你也不會遇到當別人在台股大賺時，你卻因為投入表現相對落後的國際股市而心生不平。一旦當績效落後的壓力出現時，投資人與其投資計畫便開始承受壓力，終至不堪負荷時，投資人就會放棄他的計畫了。

投資計畫是設計來實行的，不是設計來放棄的。在規劃之初，就應設想好可能的壓力點並做好防範。假如你很在意台股的表現，那沒問題，就加重投資台股。確保股市投資成績大多與台股連動，將避免你在表現不如人時便放棄當初訂下的計畫。

假如你不是那麼在意台股表現，對於身邊親友的投資績效也能一笑置之，那麼便可以進行較大分量的國際股市投資，譬如 80% 的資金投入國際市場，20% 投入台股。

我們再次以摩根史丹利指數，來觀察在 1990~2015 年間，將資金分散在台股與國際股市間的效果（國際股市由歐洲、美國、亞太與新興市場組成）。而投入國際股市的資金，則平均分給這四個區域。投資組合 A 是台股與國際股市比例為 80：20，也就是台灣：美國：歐洲：亞太：新興市場是 80：5：5：5：5。投資組合 B 是台股與國際股市比例為 20：80，也就是台灣：美國：歐洲：亞太：新興市場的比例為 20：20：20：20：20。

結果如表 5-6：

▶ **表 5-6　台股與 2 種投資組合的報酬率比較**

年度	台股	投資組合 A	投資組合 B	
1990	-55.18%	-46.66%	-21.09%	↓
1991	12.68%	15.97%	25.82%	
1992	-23.66%	-19.11%	-5.47%	
1993	84.61%	75.22%	47.06%	↑
1994	20.78%	17.14%	6.23%	
1995	-29.32%	-20.55%	5.76%	
1996	40.30%	34.40%	16.71%	
1997	-6.29%	-3.97%	3.01%	
1998	-20.64%	-14.66%	3.27%	
1999	52.71%	50.33%	43.19%	
2000	-44.90%	-39.77%	-24.39%	
2001	10.47%	5.41%	-9.76%	
2002	-24.45%	-22.35%	-16.05%	
2003	42.55%	42.21%	41.21%	
2004	9.83%	11.73%	17.44%	
2005	7.25%	9.46%	16.09%	
2006	20.90%	21.46%	23.13%	
2007	9.13%	10.59%	14.99%	
2008	-45.88%	-45.33%	-43.69%	↓
2009	80.25%	72.56%	49.51%	↑
2010	22.73%	20.94%	15.59%	

2011	-20.15%	-18.13%	-12.09%
2012	17.66%	17.59%	17.39%
2013	9.77%	11.56%	16.90%
2014	10.05%	8.21%	2.69%
2015	-10.97%	-9.39%	-4.68%
年化報酬	0.68%	2.44%	6.34%

　　逐一年度比較投資組合 A 與台股的表現，可以發現：台股占 80% 的投資組合 A 表現與台股相當近似——當台股在 1993 年上漲 84.61% 時，投資組合 A 也可以有 75.22% 的表現；在 2009 年台股上漲 80.25% 時，投資組合 A 也可以有 72.56% 的漲幅。因此我們可以說，著重台股的投資組合，讓投資人在台股上漲的年度，可以「跟得上」，不致出現單一年度表現嚴重落後的情形。但這麼做的缺點，就是當台股下跌時，投資組合 A 也將無法倖免。譬如 1990 年與 2008 年的下挫，投資組合 A 也一樣會「跟進」。

　　相較之下，台股僅占 20% 的投資組合 B 與台股之間，就會有不小的表現差距。譬如在 1993 年和 2009 年，台股皆上漲八成以上，但投資組合 B 卻只有四成的漲幅。不過，這些表現落後的缺點，卻有著「有時候台股大跌，投資組合 B 卻沒跌那麼多」的好處。譬如 1990 年，台股指數腰斬，但投資組合 B 卻只下跌 21%。

　　表 5-6 也可以看到，不論是 20% 或是 80% 的比重投資國際股市，投資組合 A 和 B 的年化報酬，都比單純投資台股要好。

這就顯示全球分散投資避免資產全壓注在表現不佳的單一市場上的保護作用。

　　不論是台股與國際股市的比例是 80：20 或是 20：80，都只是一種建議做法，投資朋友可以視自身的狀況進行調整。人皆有比較之心，如何在這比較心態與國際分散投資的可能好處之間做出選擇，將反映在投資人選擇投入自家股市與國際股市間的比例。

5-5 Q5：低風險資產 要配置多少才夠？

「低風險資產」指的是投資結果較為確定的資產類別，一般有兩種。一是現金，譬如存在銀行內的存款便屬此類；二是高評等中短期債券，高評等意指債信風險低，中短期則代表利率風險低 [41]。

我們來看一下台灣投資人將低風險資產納入股票投資組合中的作用。股票方面，採用臺灣證券交易所計算統計的加權股價指數之報酬指數；債券以證券櫃檯買賣中心計算的台灣公債指數為代表 [42]；現金則以中央銀行統計的本國一般銀行存款加權平均利率進行計算。這三者皆有 2005~2015 年這 11 年間的歷史資料 [43]，如表 5-7：

▶ 表 5-7　加權股價報酬指數、台灣公債指數與銀行存款利率歷史資料

年度	加權股價報酬指數	台灣公債指數	銀行存款利率
2005	10.94%	5.95%	1.22%
2006	24.44%	1.41%	1.40%
2007	12.50%	-2.01%	1.53%
2008	-43.07%	9.96%	1.71%
2009	83.34%	1.01%	0.85%
2010	13.57%	2.00%	0.61%

41. 債券到期期限愈短，對利率變化便愈不敏感，所以利率風險較低。中短期債券一般指的是到期年限五年內的債券。
42. 採用全樣本總收益指數。
43. 加權股價報酬指數有自 2003 年起的歷史資料，一般銀行存款加權平均利率有自 1983 年起的資料，但公債指數只有自 2005 年起的資料。故選用三者資料皆完備的期間進行計算與舉例。

2011	-17.98%	3.63%	0.75%
2012	12.94%	2.63%	0.82%
2013	15.14%	-1.31%	0.80%
2014	11.39%	0.85%	0.78%
2015	-6.87%	7.35%	0.77%
年化報酬	6.68%	2.80%	1.02%
標準差	30.86%	3.64%	0.37%

從這個表中我們可以看到，在這段期間，股票明顯是高報酬高波動的資產類別。股市有 6.68% 的年化報酬率，但也帶給投資人在 2008 年單年下挫 43.07% 的恐怖經歷。公債相對平穩許多，最差單一年度報酬是 2007 年 -2.01% 的損失。現金則更平穩，這 11 年間任一年度都是正報酬，但年化報酬則是敬陪末座。

我們就用這段期間的台灣市場資料來驗證股債比 80：20，以及股票現金比 80：20 這兩種投資組合的效用，詳見表 5-8：

▶ 表 5-8　加權股價報酬指數 vs. 兩種投資組合的報酬率比較

年度	加權股價 報酬指數	股債比 80：20	股票現金比 80：20
2005	10.94%	9.94%	9.00%
2006	24.44%	19.83%	19.83%
2007	12.50%	9.60%	10.30%
2008	-43.07%	-32.46%	-34.11%
2009	83.34%	66.88%	66.85%

2010	13.57%	11.26%	10.98%
2011	-17.98%	-13.66%	-14.23%
2012	12.94%	10.88%	10.52%
2013	15.14%	11.85%	12.27%
2014	11.39%	9.28%	9.27%
2015	-6.87%	-4.03%	-5.34%
年化報酬	6.68%	6.66%	6.18%
標準差	30.86%	24.26%	24.67%
報酬 / 標準差	0.22	0.27	0.25

◎ 不要只想賺多少，少賠才是重點

我們可以從這個表中觀察到幾個相當有趣的現象。首先，在這 11 年間，與將 100% 資金全部投入報酬率最高的股票相比，假如將 20% 的資金挪去投資報酬率較低的公債，年化報酬率幾乎不變（只下降了 0.02%），但波動風險大幅下降。標準差從 30.86% 降到 24.26%。

這是怎麼辦到的？

在逐一年度比較股票指數與混合了債券的投資組合的報酬後，我們可以看到，搭配 20% 公債投資組合，在每一個上漲的年度都輸給股票指數，最少輸 1%（2005 年），最多輸 16.46%（2009 年）。股債混合投資組合明顯勝出的年度是在 2008 年，在這一年，股票下跌了 43%，股債投資組合「只」下跌了 32%。另外在 2011 年和 2015 年這兩個台股下跌的年度，搭配

20% 公債的投資組合也跌得比較少。

大多投資人只注意到上漲可以賺多少，其實擴大報酬率的要訣之一：在於少賠。賠了 40%，需要 67% 的漲幅才能彌補損失。賠了 30%，則只要 43% 就可以補回來。相差 10% 的損失幅度，卻需要相差 24% 的正報酬才能彌補。假如能限縮投資組合虧錢的幅度，那麼你就擴大了賺錢的機會。

也就是說，波動絕非愈大愈好。波動太大，會形成一個太深的谷底，讓投資人爬很久、爬很累，都仍走不出來。

假如一個投資人只想到上漲可以賺多少，那麼他會很在意債券拖累股票在上漲年度的表現，而不願將債券納入投資組合。假如一個投資人可以想到下跌的可能，為了控制損失，所以納入債券等較穩定的資產類別。因而控制了資產下跌的幅度，反而有機會用更小的波動拿到相同的報酬，或甚至拿到更高報酬。

譬如在 2005~2009 這五年期間，加權股價報酬指數的年化報酬是 10.14%。而股債比 80：20 的投資組合，年化報酬是 10.23%。搭配債券，反而帶來更好的報酬。認為股債搭配一定會降低報酬，恐怕是對資產配置最常見的誤解。

前一類投資人，只想著要在上漲時盡可能賺錢，往往只看到報酬。後一類投資人考慮到下跌的可能，有考慮到風險，其實才是最後勝出的人。因為考慮風險，所以納入低風險資產。這不是放棄報酬的策略，相反地，這才是真正深思熟慮，同時考量到風險與報酬的完整策略。

假如計算每 1% 的波動可以換取多少報酬，在 2005~2015

年這段期間，股價指數每 1% 的標準差對應於 0.22% 的報酬率[44]，而股債混合投資組合每 1% 的標準差對應於 0.27% 的報酬率，0.27% 比 0.22% 高出 23%[45]。也就是說，考量風險後的報酬率，股債混合的投資組合遠遠勝過 100% 的股票投資。

假如你是個願意同時考量風險與報酬的投資人，而不是一個只看到報酬率的投資人，那麼混合高低風險資產，讓每一分風險可以帶來更大報酬的資產配置，會是你想要的投資解答。

投資人該問自己的問題，不是假如股市重挫時，自己是否有準備，而是當股市重挫時，自己是否已經準備好了。

◎ 低風險資產可中和高波動度

公債在金融市場動盪時，有資金避風港的作用。金融危機爆發時，資金流入公債，形成需求，推高價位。所以在 2008 年，當股市大跌之際，公債指數反而有近 10% 的漲幅，在股債混合的投資組合中大幅中和了股票的跌勢。現金部位在金融情勢不穩時，仍一樣提供它的利率，毫無資本利得的空間。所以雖然股票與現金混合，也可有效中和股票下跌幅度，但作用不及公債顯著。

表面看起來，混合 20% 現金的投資組合，年化報酬輸給股市指數。但一樣考量波動後，混合 20% 現金的投資組合，每 1% 標準差對應有 0.25% 的報酬率，其實仍是勝過 100% 股票投資的 0.22%。

再者，低風險資產可以中和股市等劇烈起伏的資產類別的

---

44. 0.22%=6.68%÷30.86%
45. (0.27-0.22)÷0.22=23%

高波動度。高波動正是許多投資人無法堅持下去，中途放棄的主因。正向的高波動，大多數人會驚喜地接受。問題出在負向的高波動。我們一般說高波動忍受度，譬如 30% 好了，意味當手上這個投資標的減損 30%，剩下當初 70% 的價值時，投資人仍能把持得住，繼續持有或投資，而不是開始思考要如何停損賣出，找其他標的等。高波動忍受度代表可以忍受投資途中的起伏，還能堅持下去。

很多投資人高估自己的波動忍受度，有兩個成因：一是將高波動視為通往高報酬之路。因為一心想要高報酬，所以就認為自己可以承受高波動。這些投資人以為口中宣稱自己能承受高波動，然後自己就真能承受高波動。但當跌到 -20% 時，就開始坐立難安，食不下嚥，夜難成眠了。

另一個原因是，沒經歷過真正的高波動。想像 -30% 的虧損情形，和真的看到帳面上出現 -30% 的數字是兩種完全不同的心境。

一般建議，投資人應保守估計自己的風險忍受度，並使用低風險資產控制投資組合的下跌幅度。實際做法是：回顧自己投資的高風險資產類別，譬如股市，依過去經驗，最嚴重的單年下跌是多少？

假如以台股為例，依加權股價指數 1970 年至今的資料，史上最嚴重的單年下跌是 1974 年的 -61%。假如你的風險忍受度可以到 -60%，也就是可以看著自己投資的 100 元變成 40 元，仍然處變不驚，面不改色，那麼你就可以進行 100% 的台股投

資。但這種人非常少見。以一個合理 -30% 的風險忍受度來估算的話，要將單年 -60% 的下跌中和到只有 -30% 的下跌，那麼至少要混合 50% 的低風險資產（假設現金與債券在同年度沒有下跌）。

以史上最嚴重的單年下挫，來估算至少應納入多少比例的低風險資產，是最保守的做法。這個方法的好處，是可以獲得很強的「防洪頻率」。譬如以剛才台股的例子，投資人可以相信，即便是 40 年才會遇到一次的大跌，也嚇不倒他。但這個方法的缺點，會造成資金投入股市這類較有成長潛能的資產類別的比重過低。

◎ 依「投資目標的遠近」調整投資組合

一個以退休為目的的投資組合，可以用「110 減去年齡」做為高風險資產的比重。譬如一位 30 歲的人，他以退休為目的的投資當中，股債比便可採行 80：20 的比例。這個方法所計算出的低風險資產比重，常會低於以單年最嚴重下挫計算出來的比例。

假如投資人最害怕的是歷史重演，怕自己在嚴重下跌時驚慌失措，那麼他應以降低波動度為首要。假如投資人擔心資產成長性不足，他可以採用「110 減去年齡」的方法，然後看這樣的投資組合，依過去經驗來看，最嚴重的狀況會在一年內造成多大的跌幅。

譬如股債比 80：20 的投資組合，在 1974 年台股最嚴重的

單年下跌中，會跌掉 -49%。持有這樣的投資組合，便要有這樣的心理準備。

不過，對於「110 減去年齡」的一般退休投資通則，可以做些修正。假如投資人生性保守，不願冒太大的風險，或是剛開始投資，可以將低風險資產的比重加 10%。譬如一位 30 歲的投資人，通則建議是股債比 80：20 做為退休投資的比重；但如果他是投資新手，就應保守以對，先從股債比 70：30 開始。假如投資人較有胃量容納風險，那麼他可以將低風險資產的比重減 10%，譬如將股債比 80：20 調整為 90：10。

納入低風險資產的另一個緣由，在於它可以降低未來價值的不確定性。當需要用錢的時間愈接近時，投資人必須將重點放在價值的穩定性上。所以一般建議，當投資人年紀漸長，手中以累積退休金為目的的投資組合，便要愈偏重債券等低風險資產，道理便在這。但不是說投資人年紀愈輕，就可以冒愈大的風險，重點在於投資目標的遠近。譬如一位 30 歲的年輕人，以五年後要用的房屋頭期款為投資目標，因為要用錢的時間很近，對於這項投資，他就應該非常保守。

面對低風險資產的錯誤態度，就是把它的低預期報酬視為低實際報酬。低風險資產未來實現的報酬不一定會輸給高風險資產。假如高風險資產確定可以帶來比低風險資產要高的報酬，那其實就沒有風險了。高風險資產正是因為報酬可能高，也可能低，所以才叫高風險資產。

將投資組合之中納入低風險資產，首要原因是為了控制下

跌幅度，讓投資人更有機會安然度過熊市並更容易從較淺的受挫中復元。一般來說，加進低風險資產後，投資組合會有更好的「波動／報酬特性」，也就是說每冒一分風險，就可以得到更多的報酬。最後，低風險資產可以確保投資組合的價值穩定性。當用錢的時刻逐漸靠近，投資人可以確信手上的錢不會在短時間內經歷大幅的減值。

在體認低風險資產的好處之後，投資人面對的下一個問題，便是要選擇哪一種低風險資產？

回顧我們選用低風險資產的理由，答案自然浮現。低風險資產最重要的作用，在於降低股市下跌時，整體投資組合的波動度。也就是說，這類低風險資產，應在股票等高風險資產下挫時，文風不動，或甚至有些上揚，那就可以有效抵銷高風險資產的跌幅。

現金，可以文風不動。高評等公債，則有機會在金融風暴之際，形成資金避風港，反而逆勢上漲。所以，用於緩和投資組合波動度的資產，應選用現金或是高評等公債。

一般不建議以公司債，特別是高收益債來做為低風險的債券部位。在經濟前景黯淡，公司營運不佳，股價下跌之際，即便是高評等的公司債，也將與股市一同沉淪。公司債較難提供股市下跌時的庇護，高收益債就更不用說了，它根本是一種高風險資產。假如投資人覺得自身投資組合承擔的風險不足，應該進行的動作，是調升高風險資產，譬如股票的比重，而不是將投資組合中的債券，改為高收益債。

5-6 Q6：如何操作資產配置的投資組合？

在以資產配置的概念設計好投資組合之後，接著，投資人又該如何進行調整與操作呢？最重要的，就是「再平衡」的動作。

◎ 遵守「再平衡」原則的 2 個理由

「再平衡」指的是將隨市場變動的投資組合比例，再調整回原先設計的比重。譬如原先計畫中的股債比例是 80：20，但隨著市場起伏，現在變成 90：10。那麼就要將股票比計畫比例多出的 10% 賣出，買進比重偏低的債券，讓資產比例重回原先計畫的比例。這麼做有幾個理由：

理由 1　資產比重會隨市場變化而變形

首先，假如不進行再平衡的話，投資組合中各類資產的比重，幾乎一定會隨市場變化而逐漸變形。譬如，你原先設計的投資組合中的股債比是 80：20。過了一年之後，股市上漲 20%，債市不動，這樣一來，股債比會變成 83：17，就不是當初計畫的比率。譬如你原先設計台灣與國際股市投資比重是 50：50，但在一年的期間，台股漲了 20%，國際股市卻跌了 10%，那麼台灣與國際股市的比重就會變為 57：43。

當初計畫股債比率，台灣與國際市場比重時，投資人都是

考量自身風險承受度與是否在意台灣市場表現之後，才做出的精心決定。假如不進行再平衡的話，那麼資產比重便會偏離投資人所設想與希望持有的比例。再平衡確定投資組合的架構仍在掌握之中。

理由 2　再平衡有可能增加投資報酬

回想一下再平衡的動作：它是賣出比重過高的資產類別，投入比重較低的資產類別。什麼時候資產比重會偏高呢？就是它上漲之後；什麼時候資產比重會偏低呢？就在它漲勢落後或下跌之後。所以再平衡等於是賣出上漲的資產，買進下跌的資產，這就會自動形成一個「賣高買低」的機制，而賣高買低是可以提升報酬的。

就以 1991~1996 年間的歐洲與台灣股市為例，各年度報酬率以摩根史丹利歐洲與台灣指數為計算基礎。在這段期間，單獨投資歐洲與台灣股市，和一個台灣與歐洲比為 50：50 的投資組合，並以每年一次的頻率，在這兩個地區股市之間進行再平衡，分別會帶來怎樣的結果呢？

▶ 表 5-9　再平衡的舉例說明

年度	台灣	歐洲	台：歐 = 50：50
1991	12.68%	13.66%	13.17%
1992	-23.66%	-4.25%	-13.95%
1993	84.61%	29.79%	57.20%
1994	20.78%	2.66%	11.72%
1995	-29.32%	22.13%	-3.60%
1996	40.30%	21.57%	30.93%
年化報酬率	11.31%	13.64%	13.68%

從表 5-9 中我們可以看到，在這六年間，單獨投資台灣股市有 11.31% 的年化報酬，同期間歐洲股市可以帶來 13.64% 的年化報酬。最有趣的是最後一欄的結果。將資金平均分配給台灣與歐洲股市，並且每年進行一次再平衡，會帶來 13.68% 的報酬。這個報酬率高過台灣與歐洲個別市場的報酬率。

為什麼會這樣？我們可以細看一下這張表。較高的報酬來自幾次再平衡的執行，譬如在 1992 年結束時，台股當年下跌 23.66%，歐股則下跌 4.25%，台股下跌較多。該次再平衡會賣出一些歐股，買進一些台股。結果在下一年度，台股大漲 84.61%。因此，再平衡會讓較多的資金參與了台股的上漲。同樣的狀況也發生在 1995 年結束時，該次的再平衡也對報酬有所助益。

◎ 「再平衡」的特色：
風險控管、內建買低賣高策略、預防泡沫爆炸

但需要注意的是，再平衡是有機會提高報酬，不是一定會提高報酬。在上述例子中可以看到，當兩個資產類別在某段期間的總報酬率類似，但走勢不同，在這種狀況下對這兩個資產進行再平衡，最能有提高報酬的效果。

但假如兩個資產的走勢在某段期間，是一個一直上漲，另一個一直下跌，那麼再平衡不會帶來更好的報酬。因為每次當你賣出上漲的資產，買進下跌的資產，之後卻是上漲的繼續漲，下跌的繼續跌時，你就會後悔賣出的行動，心想著資金應該留

在上漲的資產類別中，繼續享受上漲。

但我們必須記得，使用再平衡最主要的目的，在於控制投資組合中各資產的比重，讓它符合我們的風險要求與投資偏好。再平衡不是我們分析它會帶來高報酬時就執行，無法帶來較高報酬時就停止執行。其實，假如投資人能預知是否再平衡會帶來較高的報酬，等於他能正確預知未來市場走向，他也就不需要資產配置了。

再平衡的執行是真正的投資紀律。它是一種不管市場走勢，貫徹執行原先計畫的動作。

另外，當投資人對各資產設下比重，然後確實執行再平衡時，他等於對任何可能出現的資產泡沫設下了防爆閥。譬如當日經指數從 1979 年最後一個營業日收盤的 7,116 點，上漲到 1989 年最後一個營業日的 38,916 點時，假如某個投資人投資組合中的亞太成熟市場設定配置比重是 10%，那麼這個股市泡沫很難傷害到他。

股價雖然上漲了超過五倍，但不論股市再怎麼漲，含有日本股市的亞太市場，在他的投資組合中的比重就是只有 10%。超過，就會被賣出。這樣一個配置比重，就像一個洩氣閥。每當資產氣球被吹起，壓力太高，超過資產配置的比重，那麼這項資產就會被部分賣出，消除壓力。

以設定好的比重持有各類資產，投資人不必擔心資產泡沫。因為在它形成的過程中，再平衡會讓你不斷將其賣出，你絕不會持有過多的某項資產，然後在泡沫破滅之際，跌得一塌糊塗。

　　沒錯，持續持有亞太成熟市場股市，會讓投資人躲不過日本股市從高點下跌的傷害。但一個比重 10% 的部位，即便下挫了 60%，對整體投資組合而言，只會帶來 6% 的減值。6% 的下跌，比起 60% 的損失不僅更容易接受、也更容易回復。資產配置不僅可以預防資產過度上漲形成的泡沫，亦可大幅限縮市場重挫對整體投資組合的影響。

　　會以大比例的自身資產，投入單一資產類別或是區域市場的，多是以「看好」為投資理由的投資人。哪種資產看好，哪個地區看好，這些投資人就將資金全部移往該處，他們腦中完全沒有資產配置的概念。他們大多認為，資金就是要整體往報酬最高的地方移動，才夠精明、才是高手。但可惜的是，所有資產泡沫的成形，都是用數不盡的「看好」堆積起來的。在市場反轉向下之前，市場一片看好之聲，即使在下跌初期，也會有「拉回即買點」的聲音，讓投資人容易身陷資產泡沫，卻難以逃出。

　　放棄這種以「看好」為投資主軸的投資策略，改採廣泛分散的資產配置與再平衡的紀律，你就是金融市場中真正精明的投資者。

　　那麼，什麼時候該進行再平衡呢？

　　有兩種做法：一是先設定好各資產的再平衡觸發條件。譬如原先配置 30% 的資產類別，投資人可以設定萬一上漲成為 33% 或是下跌為 27%，就開始再平衡的動作，將其調整為原來的比重。

　　另一種做法則是定期實施再平衡。譬如每一年檢視一下整體資產配置狀況，然後將其調整回原先設定的比重。

　　對於一般投資人來說，最簡單可行的方法，是定期施行再平衡。因為在設定好再平衡觸發條件之後，投資人必須時常檢視投資比重，看是否已經到達需要進行再平衡的條件。而每年在固定日期檢視並進行再平衡，譬如在每年的最後一天、第一天，或是任何自己容易記得而且有空閒的日子，對一般投資人來說，是一個在時間與精力上花費都較經濟的策略。

　　沒有確切的證據指出，以觸發條件進行再平衡會獲得較好的投資績效。因此投資人可以每年選定一天做為自己的投資檢討日，回顧過去的投資成績，並進行再平衡的動作。

智慧型資產配置 (The Intelligent Asset Allocator)

資產配置原理的進一步討論，可參考威廉伯恩斯坦所寫的《智慧型資產配置》（The Intelligent Asset Allocator）一書。這本書雖然較為生硬，但假如看過並理解書中內容，對於資產配置會有更好的掌握。

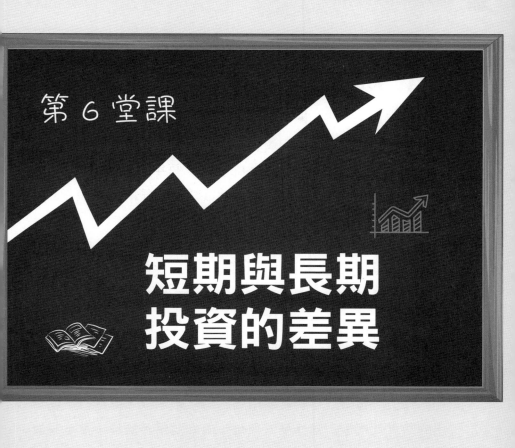

第6堂課

短期與長期
投資的差異

6-1 短期投資：確保目標的達成

　　這堂課會先解釋短期與長期投資，分別需要注意的要點。之後以剛步入社會的雅萍、為孩子的未來擔心的志強、退休的王先生這三個例子，分別解說累積退休金、累積教育基金、以及提領退休金所會遇到的典型狀況與對應投資方針。

◎ 短期投資的重點在「保值」

　　投資的定義，簡單地說，就是將現在可以花用的金錢留下來，以備日後享用。這個「日後」是多久以後？與這些金錢適合存放在哪些地方息息相關。

　　假如在未來五年之內就要用到這筆錢，那麼投資的重點就在於保值。譬如五年內就要用到的房屋頭期款，或是明年就要用的購車款項等。為什麼這種幾年內就要用到的錢，重點要放在保值呢？何不投入高風險高報酬的資產，將金額擴大呢？

　　因為典型的高風險資產，譬如股票，有兩個特性。首先，它短期之內的價格波動很大。其次，它短期內的價格波動幾乎無法預測（長期其實也很難預測）。

　　譬如台股，以一年的持有期限來看，台灣股市可以帶來高低差距非常大的報酬。圖 6-1 是 1970~2015 年這 46 年，每一年度的台股報酬率。

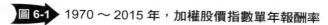

圖 6-1 1970 ～ 2015 年，加權股價指數單年報酬率

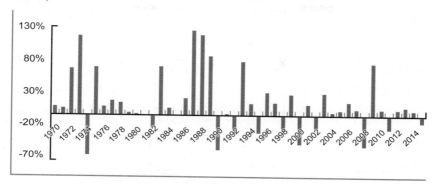

　　在這 46 個年度，台股最差報酬率是 1974 年的 -61.03%，最佳報酬率是 1987 年的 125.18%。前者會讓投資人的資金打四折，後者會讓資金翻倍。而且重點是，我們無法預知下一個年度，會是怎樣的報酬！

◎ 短期投資應避免考慮高風險資產

　　假設不論藉由任何方法，下一年度的報酬可以準確預測，投資人可以事先知道下一年度的報酬，那麼假如預測報酬是正的，那他就可以投入股市；假如是負的，就不要投入股市。如果這可以辦到的話，那等於是說，股市對這位投資人來說，只有賺錢的可能，沒有賠錢的風險。

　　不要忘記，在市場中賺錢的可能，就是賠錢的風險換來的。假如有人說他可以藉由預測短期走勢，讓股市成為只會賺錢不會賠錢的地方，請遠離他！千萬不要被這種看似信誓旦旦、言

之成理的說詞，或是自己喜愛賺錢不喜歡虧損的潛在心理所蠱惑。這是根本不可能的事！這等於是在說沒有風險就可以賺錢；這等於是在說，天下有白吃的午餐。用一點基本常識，你會知道宣稱短期走勢可以預測的人與相信他的投資人之中，至少有一個是笨蛋。

假如投資人看到股票市場，眼中看到的是賺錢的誘惑，那他會想，何不將明年要用來買車的錢，現在先投入市場呢？說不定可以重演 1987 年報酬 100% 以上的歷史，讓我的國產車進階成進口車呢？

假如投資人看到股票市場，腦中會先想到虧錢的可能，那他會想，假如我將明年就要買車的錢，現在就投入市場，會不會遇到類似 1974 年報酬 -60% 的狀況，讓我的本田汽車變三陽機車呢？

正如前一堂課所說的，專門事業向來以風險為優先考量。假如你是一個務實謹慎的投資人，就應該先考慮高風險資產在短期內造成巨幅虧損的可能。

一樣以買車為例。假如買車計畫已經出現在你的腦海中，而且在未來兩、三年內，就可以靠著自身的賺錢能力與既有存款達成，那代表，這是一個已經非常接近完成的計畫。這時相關資金的處理重點，就在於確保你能達成自己的目標。你不需要和別人比，或是和股市比，你只需要盯住你的目標，然後去完成它。你是為了達到你人生的目標而投資，而不是為了獲取一個比別人高，讓別人羨慕的報酬率而投資。

明白這點後，投資人將知道短期就要用到的錢，不宜再投入高波動資產之中。-60% 的虧損，會需要 +150% 的報酬才能彌補回來 [46]。只要遇到一次，就會徹底毀滅投資人的短期計畫。他的人生，將受到金融市場走勢的影響。而正確的投資方法，是讓金融市場為我們所用，利用它來輔助我們的人生路途，而不是讓自己的人生為市場所左右。

◉ 「定存」是最好用的管道

另一方面，為了達成短期目標，而將資金放在定存等低風險工具中確保短期購買力後，投資人也就不必再去關心之後的市場走勢與身邊同事、朋友的投資績效。但假如將資金投入定存之後，股市卻呈現多頭走勢，周遭同事買股票大賺、你的親戚買基金大賺，這時有的投資人就會想，假如我當初也把錢放入市場投資，那不知有多好啊！

投資人常被這種「事後諸葛」的心情所困擾。沒有必要，也大可不必！假如當初你就知道未來股市會漲，那你當然會投入股市。可是，當初就是不知道股市會漲還是會跌，所以才選擇將短期之內就要用到的錢，投入低風險資產之中。這在當初，就是一個正確的決定。投資人沒有必要用已經知道答案的自己，否定過去面對未知的自己。更沒必要和身邊的親友比較同期間的投資績效，這只會增加無謂的心理負擔。假如資金投入定存之後股市是大跌呢？那你是不是就要慶幸自己還好選擇了保值的投資？投資只為了一件事，那就是達成你的目標。投資不是

---

46. 譬如 100 元的資金，在 -60% 的虧損後會剩 40 元。40 元要回到 100 元，需要 150% 的報酬率。

為了和旁人一較高下。

短短數年之內就要用到的錢,假如投資人存著賭一把的心態,將錢丟入股市,那麼就算一年或是兩年內的股市報酬是正的,他也未必能享用。最典型的狀況就是股市呈現先跌後漲的情形。假如將錢投入股市三、四個月後,市場大跌,帳面呈現 -20% 的虧損。那麼已經出現的風險,將不斷提醒這位投資人未來有更大虧損的可能。他可能會在晚上夢到,一年結束之後居然是重演單年 -60% 的歷史,然後在一身冷汗中驚醒。這樣的精神折磨,將讓投資人出現兩種行為反應。

首先,他將過度關心短期走勢。他不只每天看一下股市走勢,還可能會在開市時每十分鐘關心一下。這讓他不僅無心工作,也將妨害與家人及朋友的相處。

其次,在短期就要用錢與已經出現帳面虧損的狀況下,投資人會不禁想到,就不要再冒險了,在狀況還能處理時把錢撤出吧。然後就停損賣出,徹底實現了短期負報酬。就算之後股市漲回來,全年報酬是正號,那也與他無關了。這種舉動,不論在精神負擔或是金錢報酬方面,都是太不划算。

投資人不要存著不入虎穴焉得虎子的心態,將短期資金投入高波動資產之中,然後事後真的虧損了,才悔不當初,想說當初假如保守點就好了。看清你的目標,當下就做出正確決定,日後,你永遠不必後悔。

短期就要用到的錢,選擇不多,「定存」是最好用的管道。不論投資人年紀,短時間就要用的錢最好保守投資。一般常見

年輕人宜冒風險，年長人士宜保守的說法，指的是以退休為目標的投資。因為對一個30歲的人來說，退休是幾十年以後的事，而對一個 60 歲的人來說，退休是迫在眉睫。但對一個 30 歲、計畫五年後買車的人，和一個 45 歲、計畫五年後想買房的人，他們的時間緊迫度，其實是一樣的。

6-2 長期投資：
風險與機會成本的平衡

　　長期投資指的是，至少 20 年以後才會用到的錢。譬如在小孩出生後，為他開始累積日後高等教育或出國留學所需資金。譬如在步入社會開始工作後，開始儲蓄年老退休所需的資金等。這種長時間後才需要用到的錢，要如何進行規劃呢？

　　或許有人會說：何不就完全規避風險，就像 6-1 中所述，準備五年內就要用到的資金一樣，把錢放在定存等低風險資產之中呢？

◉ 長期投資需考慮「機會成本」

　　這麼做不是不行，但有它的代價，那就是要付出「機會成本」。因為將資金投入低風險資產中，等同是放棄高風險資產長期增值的機會。有時這個機會成本代價相當高昂。我們可以做點簡單的計算。

　　譬如某位投資人手上現在有 1 萬元，他可以將其放在定存當中，等到 20 年之後再提出花用。或者，他可以將這 1 萬元投入股票這類高風險資產中。假如在這 20 年的投資期間，他投入的股票在扣除通膨後有每年 5% 的年化報酬，那麼這 1 萬元在 20 年後將成長為 2 萬 6,533 元。

　　假如投入定存的 1 萬元在 20 年後仍有當初 1 萬元的購買力

（假設定存利率和通膨打平），那麼與投入高風險資產的資金相比，足足少了 1 萬 6,533 元。也就是說，這位投資人當初選擇定存放棄股市，等同是放棄了賺取 1 萬 6,533 元的機會，也等於放棄了 165% 的報酬。這就是機會成本。

但是，不是所有賺錢的機會都是用賠錢的可能換來的嗎？沒錯，20 年以上的長期投資，也不是賺錢的保證，長期投資仍可能是虧損的，還是有風險存在。

很多理財書籍都有提到一點，那就是——長期投資要愈早開始愈好。為了佐證這個論點，這類書籍還常附上一個試算表，告訴讀者，假如從 25 歲就開始儲蓄退休金，和從 35 歲才開始投資，在每年某 % 的報酬率的差異下，前者會多累積多少資金。

譬如甲從 25 歲開始，每年年初投資 1 萬元，共投資 20 年。乙則從 35 歲開始，每年年初投資 2 萬元，投資 10 年。假設該投資標的帶來 10% 的年化報酬，那麼兩人的資金成長會如表 6-1 所示：

▶ 表 6-1　甲、乙每年投資與累積的金額

單位（元）

歲數	甲		乙	
	每年投資	累積金額	每年投資	累積金額
25	10,000	11,000	0	0
26	10,000	23,100	0	0
27	10,000	36,410	0	0
28	10,000	51,051	0	0
29	10,000	67,156	0	0
30	10,000	84,872	0	0
31	10,000	104,359	0	0
32	10,000	125,795	0	0
33	10,000	149,374	0	0
34	10,000	175,312	0	0
35	10,000	203,843	20,000	22,000
36	10,000	235,227	20,000	46,200
37	10,000	269,750	20,000	72,820
38	10,000	307,725	20,000	102,102
39	10,000	349,497	20,000	134,312
40	10,000	395,447	20,000	169,743
41	10,000	445,992	20,000	208,718
42	10,000	501,591	20,000	251,590
43	10,000	562,750	20,000	298,748
44	10,000	630,025	20,000	350,623

　　雖然甲、乙兩人總投資金額都是 20 萬元，但甲卻累積了 63 萬的財富，晚起步的乙卻只有 35 萬。這就是儘早開始投資的力量。

◉ 早起步，絕非必勝的保證

　　沒錯，這是提早開始投資，而且報酬為正時的狀況。但事實上，早起步絕非累積更多資金的保證。假如甲、乙兩人同在 25 歲開始累積退休資產，但甲將退休資產投入股市之中，乙則單純地將資金放在銀行存款戶頭。到了 35 歲，是否甲所累積的資產，一定會勝過乙呢？答案是不一定。假如這十年期間，股市表現不佳（讀者應該知道，這是有可能發生的事），那麼甲的累積金額，恐怕會輸給乙。

　　很多人便看著這樣的試算表，一頭熱地著手開始投資，以為獲利就在眼前。很著急地認為現在不開始投資，就是輸在起跑點。其實，對投資與金融市場的認知不足便開始投資，才是真正輸在起跑點。以為投資一定會賺的心態，或是受報酬引誘而進入市場，就像是在裝備不足的狀況下，涉足險地。

　　早起步、提早開始投資，絕非必勝的保證。早起步的目的，在於把握市場上漲的機會。不要在市場上漲時，資金卻呆坐場邊，付出高昂的機會成本。但我們不要忘記，所有賺錢的機會都是用賠錢的機會換來的。提早開始投資，有時換得的卻是提早開始賠錢的後果。

　　如何將虧損的程度與可能，壓縮到我們可以接受的範圍，

同時又能把握住投資成長的機會？答案就在於一個明智的資產配置計畫。

　　以下我們將用一些例子，說明處在人生不同階段的投資人，該如何規劃自身的投資藍圖，以及這些投資策略的效用。

6-3 案例說明 ❶ 1 個人的富足退休計畫

◎ 雅萍的退休金規劃

雅萍今年 25 歲，剛念完研究所，開始從事第一份工作。她想要規劃以累積退休金為目標的投資計畫。

依照「110 減年齡」等於高風險資產比重的推估方式[47]，雅萍算出自己的高風險資產與低風險資產比重可以是 85：15。不過因為自己欠缺投資經驗，所以她決定保守以對，將高風險資產比重減 10，以高風險與低風險資產比重 75：25 的方式，規劃退休投資。

她覺得自己會在意台股的表現，所以決定股市投資部位中，要將 80% 投入台股，其餘 20% 則平均分給歐洲、美國、亞太與新興市場。

剛開始投資，雅萍決定要使用最單純的投資組合，高風險資產就以股票為代表，低風險資產則選擇公債。

雅萍一個月可以存下 2 萬元的資金，一年可以累積 24 萬的投資金額。所以她的投資類別、可用的投資工具與一年的投資金額如表 6-2 所示：

---

47. 這種方法是一個很簡單的起點，有人使用 100 減去年齡計算，有人以 110 減年齡計算。不管使用那種計算方法，投資人都必須再視自身的狀況，進行調整。

▶ 表 6-2

投資類別與區域	比重	金額（元）	投資工具
台灣股市	60%	144,000	台灣 50ETF
歐洲股市	3.75%	9,000	領航歐洲 ETF（Vanguard FTSE Europe ETF）
美國股市	3.75%	9,000	領航美國全股市指數 ETF（Vanguard Total Stock Market ETF）
亞太股市	3.75%	9,000	領航太平洋 ETF（Vanguard FTSE Pacific ETF）
新興市場股市	3.75%	9,000	領航新興市場 ETF（Vanguard FTSE Emerging Markets ETF）
債券	25%	60,000	安碩美國 3-7 年期公債 ETF（iShares 3-7 Year Treasury Bond ETF）或 SPDR 國際公債 ETF（SPDR Barclays International Treasury Bond ETF）

　　雅萍每年投入台股的金額有 14 萬 4,000 元。以台灣 50ETF 目前每張（1,000 股）6 萬多元的價位，她可以以每六個月投資一次的定期方式，一年買進二次台灣 50ETF。

　　因為台灣當地 ETF 是以「張」為交易單位，一張代表 1,000 股，所以有時未必能剛好把要投資的資金完全投入。尚未投入的資金假如不足買一張的話，可以考慮用零股買進的方式投入。

　　在債券 ETF 方面，可以使用單純投資美國公債的安碩美國 3-7 年期公債 ETF（美股代號 IEI），或是投資美國以外國際公債的 SPDR 國際公債 ETF（美股代號 BWX）。這兩個標的差異在於前者只有投資美國，表現就由美國的債信與美元的強弱

決定；後者則有分散的作用，投資美國以外多個已開發國家，會有信用風險與匯率風險上的分散效果。

實際執行時很可能有問題的是使用美國 ETF 的投資部位。每年雅萍投入歐洲、美國、亞太、新興市場股市以及債市的資金總額，總共 9 萬 6,000 元。將這相對較少的資金匯出國外，將招致較高的匯款成本──每支 ETF 單單買進 9,000 台幣，手續費占投資資金的比重也會較高。

面對此一問題，剛開始進行投資的朋友必須有個體認：即使建構了這樣的投資藍圖，也不代表你一開始就要完成計畫中的配置比重。就像所有工程建築都需要時間一樣，你也可以給自己一些時間，逐步建構完成這個投資組合。

因此，建議雅萍可以每兩年匯 19 萬 2,000 元到海外券商，其中 12 萬投入債券標的，其他四支 ETF 就分別投入 1 萬 8,000 元。

這樣在兩年的時間，就可以達到適切的配置比重。兩年的時間，現在看起來或許很長，但到雅萍 60 歲退休之際，回顧她的投資歷程，她會發現那不過是一個長達數十年投資過程中的短暫前奏。

另一個解決方法，則是先不要將國際股市分區投資。先以投資全球股市的 ETF 做為投資標的，等日後累積資金較為雄厚之時，再分區分標的進行投資。

在退休投資的累積期間，可以每年進行一次再平衡的動作。譬如在第一次投資之後，股市大漲，債券不動。那麼雅萍可以

減低下一年度投入股市的金額，拉高投入債券的金額，就可以將資產比重拉回原先計畫的比例。

一般來說，在累積期頭幾年的再平衡，以調整投入資金多寡就可以完成。在投資資產累積較多之後，定期投入的資金相對比重較低，有時就無法單靠調整投入資金將資產比重拉回原先計畫比重，這時才會需要以賣出的方式，減低比重過高的資產類別。再以所得現金，補足比重過低的資產類別。

每過十年，雅萍應將高風險資產比重調降 10%，低風險資產比重則升高 10%，以調適退休年齡愈來愈靠近的事實。譬如當雅萍 35 歲時，她可以將原先股債比 75：25 調整為 65：35。或許，當她 35 歲時，她已經自覺比較能適應市場的波動。因此回復「110 減年齡」的配置方式，仍是維持股債比 75：25 的配置，等到 45 歲時，再進行下一次 10% 的配重調整。

6-4 案例說明 ❷ 夾心族籌措子女教育基金

志強的老婆剛生完第一胎，為了孩子未來的教育，志強決定要開始累積高等教育基金。他的目標是要累積到能讓小孩出國留學，拿到碩士學位的資金。

不過，志強與老婆是典型的夾心族。上有高堂，下有子女，他們身上背負沉重的負擔。奉養父母與照顧孩子，都要花錢，所以他們撙節開支，小心計畫每一筆金錢的花用。雖然他們也曾想過何必這麼累，這樣計較花費、小心儲蓄實在有點拘束，但他們的理智告訴自己，所有的大錢都是從小錢累積起來的。重點不是賺了多少錢，而是存下多少錢。為了自己的退休生活、也為了孩子的將來，他們努力讓生活開銷低於工作收入，讓自己手上有點可以儲蓄與投資的資金。

◎ 投資教育基金須保守以對

計畫孩子的高等教育經費時，要先計算需要用錢的時刻還有多少時間。從 0 歲算起，到 22 歲大學念完之後出國，共有 22 年的時間。累積教育基金的投資有兩大特點：一是時程不像退休金投資那麼長，20 年的期間，時間上比累積退休金要緊迫一些；另一特點則是提出金錢的時間相當短暫。以碩士兩年的時間計算，這 20 年累積的金額，需要用到的時間只有兩年。

這兩個特性造成教育資金的累積必須採取相對較保守的做法。

志強估計出國念碩士的兩年期間約需要新台幣 200 萬元的費用。22 年的累積期間，為了運算方便，就以 20 年計，每年通膨以 3% 估算，現在的 200 萬元，在 20 年後約等於 360 萬元 [48]。所以志強的目標就是在這 20 年間，和太太兩人一同累積 360 萬元的資金。

那要如何開始投資呢？我們從 20 年後的狀況推算回來。因為這筆錢在 20 年後，要在兩年之內用完，所以在 20 年後，必須是一個很穩定的投資組合。譬如股債比 10：90 就是一個可以考慮的終點資產配置。

該如何評估呢？假如志強在 20 年後順利存到 360 萬元，而這 360 萬元以股債比 10：90 投資的話，那就是股票 36 萬元，債券 324 萬元。如果未來遇到很糟糕的狀況——孩子出國那年，股票大跌 50%，這會造成股票部位減損 18 萬元。所以志強必須問自己，假如到那時候，資金出現 18 萬的缺口，他能否有其他資源來填補？

假如投資人對於這個資金缺口，覺得還可以過得下去，那麼他可以以這樣的終端配置比重，回推投資開始時的資產配置。但假如這樣的損失金額會讓人覺得難以接受，那就需要更保守的終點資產配置，譬如將股債比調為 5：95。

對志強來說，萬一虧損 18 萬元，他還可以承受，就能以股債比 10：90 回推現在所需的配置比重。另外，在投資過程中，

---

48. $2,000,000 \times (1+3\%)^{20} = 3,612,222$。

每十年可以調高 10% 的風險資產比重，所以現在志強可以以股債比 30：70 開始投資。

在股票部位，志強決定採用台股與國際股市 60：40 的比重，國際股市的 40%，則平均分散給美國、歐洲、亞太與新興市場。所以志強的教育基金投資計畫開始時的狀況如表 6-3：

▶ 表 6-3　志強的教育基金投資計畫開始時的狀況

投資類別與區域	比重	金額（元）	投資工具
台灣股市	18%	25,920	台灣 50ETF
歐洲股市	3%	4,320	領航歐洲 ETF（Vanguard FTSE Europe ETF）
美國股市	3%	4,320	領航美國全股市指數 ETF（Vanguard Total Stock Market ETF）
亞太股市	3%	4,320	領航太平洋 ETF（Vanguard FTSE Pacific ETF）
新興市場股市	3%	4,320	領航新興市場 ETF（Vanguard FTSE Emerging Markets ETF）
債券	70%	100,800	安碩美國 3-7 年期公債 ETF（iShares 3-7 Year Treasury Bond ETF）或 SPDR 國際公債 ETF（SPDR Barclays International Treasury Bond ETF）

接下來是決定每年的投資金額。以 20 年累積 360 萬元來計算，假如每年可以累積 18 萬元，也就是每月 1 萬 5,000 元，就可以達成目標。

也就是說，假如志強能每月存下 1 萬 5,000 元，即使這段投資期間的市場報酬率為 0，他也可以達成 20 年後 360 萬元的目標。但假如志強手上沒有那麼多錢，譬如他每月只能存下 1

萬 5,000 元的 80%，也就是 1 萬 2,000 元，那麼他採行的投資組合，便需要在這 20 年期間，帶來年化約 2% 的報酬率，才能讓他達成目標。

因此在這時候，建議採用「高比重投入法」，以確定目標達成。所謂高比重投入法的意思是，至少以 70% 以上的資金來投入這個計畫。以志強的例子來說，那就是每月存下 1 萬 5,000 元的七成，也就是 1 萬 500 元。這麼做的主要原因在於，一個一開始就是股債比 30：70 的投資組合，實在無法期待有太高的成長性。

假設志強決定每月以 80% 的資金投入，那就是每月投資 1 萬 2,000 元，每年投資 14 萬 4,000 元。這筆資金在各投資標的的配置金額，如表 6-3 所示。

從表中我們可以看到，國際股市的四個投資標的，每年投資金額不過是 4,000 多元而已。教育基金投資計畫的資金，可以與退休投資計畫一同投資，但在檢視投資計畫時，應該分開列表，這樣投資人才能掌握兩者的進度分別為何。

至於教育基金資產配置的再平衡，一樣以每年一次的頻率進行：每過十年，教育基金投資計畫的資產配置，便需將高風險資產比重調降 10%。當志強的小孩滿十歲生日的時候，資產配置就可以改成股債比 20：80 了。到孩子 20 歲時，就可以調整到股債比 10：90，準備最後的提用了。

6-5 案例說明 ❸ 退休族擔心老本被啃光

在辛苦工作了幾十年之後，王先生終於快樂退休了。在享受清閒生活的同時，他卻有點擔心這些年來累積下來的退休資產是否夠自己活到終老。

王先生與太太累積了 3,000 萬元的退休金，他們打算以 3% 的提領比率[49] 從中提領生活費用，每年可以使用的額度是 90 萬元。為了維持生活水準，每年提領金額可以按消費者物價指數進行同步調整。假如下一年度的物價指數比前一年多了 3%，那麼下一年則可提領 92 萬 7,000 元。

為了讓自己與太太可以感到安全，王先生決定將五年生活所需費用，也就是 450 萬元，以現金部位持有，存在銀行定存之中。

3,000 萬元退休金在扣除 450 萬元的預備金後，剩餘的 2,550 萬元如何投入金融市場？以王先生現年 60 歲計算，根據「110 減去年齡」的基本通則，他可以選用的股債比為 50：50。王先生覺得自己的風險忍受度算是中等，所以對此比例他就不再進行變動。

股市部分，王先生採用台股與國際股市 60：40 的比例。國際股市投資部位則平均分散給歐洲、美國、亞太與新興市場這四大區塊。

---

49. 退休提領比率的設定是一個有點複雜的問題。想要更深入了解的讀者，可參考作者的部落格〈提領計畫的相關研究〉一文，http://greenhornfinancefootnote.blogspot.com/2008/10/asset-allocation-in-essencethe-trinity.html。

債券部位，王先生想以比較分散的方式來投資，所以選用
國際公債標的，整體投資組合看起來會像是表 6-4：

▶ 表 6-4　王先生的投資組合

投資類別與區域	比重	金額(萬元)	投資工具
現金	15%	450	銀行定存
台灣股市	25.5%	765	台灣 50ETF
歐洲股市	4.25%	127.5	領航歐洲 ETF（Vanguard FTSE Europe ETF）
美國股市	4.25%	127.5	領航美國全股市指數 ETF（Vanguard Total Stock Market ETF）
亞太股市	4.25%	127.5	領航太平洋 ETF（Vanguard FTSE Pacific ETF）
新興市場股市	4.25%	127.5	領航新興市場 ETF（Vanguard FTSE Emerging Markets ETF）
國際公債	42.5%	1,275	SPDR 國際公債 ETF（SPDR Barclays International Treasury Bond ETF）

◎ 善用資產配置，讓財富不縮水

這樣一個投資組合的效用如何呢？退休資金最怕遇到的狀
況，就是一開始退休的時候就遇到金融市場重挫，整體投資組
合不僅因退休提領而縮水，更因資產價值減損而大幅減值。所
以在退休初期的熊市，會降低退休資金所能使用提領的年限。
但相反地，退休早期如果適逢市場大漲，那麼退休金將能使用
更長的年限。

為了測試王先生這個退休投資組合的強度，我們便用最糟

糕的狀況。假設王先生退休的時間剛好是次級房貸引起的金融海嘯肆虐之際,看看這樣的投資組合能否通過這樣的高壓測試。

2008 年王先生的投資狀況

假設王先生從 2008 年 1 月 1 號開始過退休生活。在這一年的開始,王先生便從現金部位提出 90 萬元,做為這一年的生活費,剩餘 360 萬元放在銀行定存賺取利息。2008 這年,他的各項投資損益如表 6-5 所示:

▶ 表 6-5　王先生在 2008 年的投資損益

投資工具	2008 年損益（台幣計算）[50]
銀行定存	1.71%[51]
台灣 50ETF	-43.25%[52]
領航歐洲 ETF （Vanguard FTSE Europe ETF）	-43.99%
領航美國全股市指數 ETF （Vanguard Total Stock Market ETF）	-36.00%
領航太平洋 ETF （Vanguard FTSE Pacific ETF）	-32.91%
領航新興市場 ETF （Vanguard FTSE Emerging Markets ETF）	-51.82%
SPDR 國際公債 ETF （SPDR Barclays International Treasury Bond ETF）	5.75%

---

50. 美元兌台幣匯率在 2008 年第一個營業日為 32.443,2008 年底則是 32.86,升值 1.29%。這 1.29% 的升幅已反應在歐洲、美國、亞太與新興市場這四支美元計價的 ETF 報酬率之中。
51. 資料來源為中央銀行統計之本國一般銀行存放款加權平均利率。
52. ETF 損益計算皆已計入配息。

所以到了 2008 年底，王先生各投資部位的價值如表 6-6：

▶ 表 6-6　2008 年底，王先生各投資部位的價值

投資類別與區域	2008 年末價值（萬元）
現金	366
台灣股市	434
歐洲股市	71
美國股市	82
亞太股市	86
新興市場股市	61
國際公債	1,348
總值	2,449

2008 年，各地區股市有 3~5 成不等的嚴重下跌，但這樣一個含有股、債與現金的投資組合，其總價值從 2,910 萬元跌到 2,449 萬元，只下跌 16%。而且更重要的是，王先生可以確切地看到他留在現金部位的 360 萬元，也就是未來四年的生活費，**毫髮無傷**——未來四年的生活費沒有一分一毫放在下跌的股市之中。所以他不會看到股票下跌，然後想說「慘了，生活費在裡面，我以後沒錢用了！」這種想法，就是恐慌的前兆。人一恐慌，就會做出不理智的行為。在這種狀況下，最典型的非理智行為，就是在市場大跌後賣出。

對於退休人士來說，股市下跌很難讓人高興。資產配置不是神丹妙藥，它也無法在市場重挫時讓王先生快樂，但資產配置至少可以讓退休人士遠離害怕與恐慌。而這個作用，便已是

很大的幫助了

2009 年王先生的投資狀況

在 2009 年一開始，王先生再次拿出 90 萬元現金做為這一年的生活費。剩下三年，也就是 270 萬元的生活費，以現金部位持有。其餘 2,089 萬元的投資（2,449-90-270=2,089），他進行再平衡，以原先計畫的股債比與國內國際股市比例進行分配。再平衡前後，各資產的投資金額與分配比重如表 6-7 所示：

▶ 表 6-7　王先生在 2009 年各資產的投資金額與分配比重

投資類別與區域	2008 年末投資金額（萬元）	百分比	2009 年初投資金額（萬元）	百分比
現金	366	14.95%	270	11.45%
台灣股市	434	17.73%	627	26.6%
歐洲股市	71	2.92%	104	4.4%
美國股市	82	3.33%	104	4.4%
亞太股市	86	3.49%	104	4.4%
新興市場股市	61	2.51%	104	4.4%
國際公債	1,348	55.07%	1,044	44.3%
總值	2,449		2,359	

※ 表 6-6、表 6-7 金額數值皆已四捨五入，僅以整數表示。

這次再平衡，主要是賣掉 304 萬元的國際公債與 6 萬元的定存，將資金轉入下跌後的各地區股市之中。2009 年 3 月之後，全球股市開始反彈，在 2009 年末，王先生的各項投資的單年損益與資產價值如表 6-8 所示：

▶ 表6-8　2009年末，王先生各項投資的單年損益與資產價值

投資類別與區域	2009年報酬率（台幣）	2009年底投資金額（萬元）
現金	0.85%	272
台灣股市	74.78%	1,095
歐洲股市	28.28%	134
美國股市	25.48%	131
亞太股市	17.36%	123
新興市場股市	70.99%	179
國際公債	3.82%	1,084
總值		3,018

　　在2009年，各地區股市大幅上揚，王先生的退休資產總值回到3,018萬元，比他剛退休時的3,000萬元資產還多了18萬元。而且，在這兩年期間，王先生已經提領了180萬元的生活費。

　　在2010年開始之際，王先生可以考慮是否要將現金儲備部位補足到夠用五年的生活費。或是等到剩二年生活費之時，再變賣一些股票或債券部位來添補生活費預備金。到底要在剩一年、剩兩年或是剩三年生活費時，再次將生活費補足，投資人可以自行決定。

　　比較容易擔心的投資人，可以選擇剩三年生活費時，就進行補足的動作。比較不易擔心的投資人，甚至可以等到剩一年生活費再補足。五年的生活費儲備也不是金科玉律，投資人可視自身狀況進行增減。但千萬不要完全投資，全都沒有預備生活費，這會讓人過度擔心市場起伏，常見的結果便是被市場牽著鼻子走。

在退休提領的年度，也可以以每年一次的頻率進行再平衡。在沒有變賣部位取得生活費用的年度，需要賣出比重超出原先設定的資產類別，買進比重過低的資產類別，以完成再平衡。若某一年度有進行變賣部位以取得生活費用的動作，那可在賣出的同時，順便完成再平衡。藉著優先賣掉比重過高的資產類別，投資人便可以同時達到取得生活費與再平衡的目的。

在這個例子中，王先生可以順利通過這次考驗，不是因為他鑽研市場走勢，可以事先做出正確的預測（事實上，這是從來沒有人可以持續做對的事），也不是他每天看盤，把時間與精力都花在投資上，而是因為他採行了一個明智的投資計畫然後確實執行。就是這麼簡單。

將幾年的生活費擺在現金部位，帶來了安全感。讓投資人不會在低點出脫；再平衡讓投資人在市場重挫後買進；資產配置，帶投資人駛過金融市場的狂風駭浪。

雖然不是每個人都會那麼恰巧在市場狀況最不好的時候退休，但也不是每次的熊市，都會在短短一、兩年內結束。退休計畫是一個可以調整的過程，投資人必須保持彈性。在退休資金明顯不足時，投資人可以選擇繼續工作或是減少生活花費。

綠角教你前進美國券商

假如想進一步了解如何透過美國券商直接投資美國 ETF，可參考作者所寫的《綠角教你前進美國券商》。

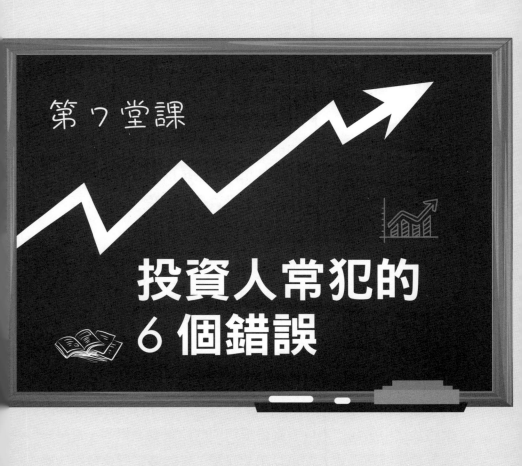

第7堂課

投資人常犯的
6個錯誤

7-1 錯誤 ❶ 聽信明牌

不是每個人都能正視與處理投資風險的問題。不願承擔風險的心態，會讓人相信有些簡單的方法可以趨吉避凶，避開市場風險。實際上，這些方法對於投資毫無助益，甚至有害。投資人應小心避免使用這些錯誤的風險處理方法。

自己研究資產配置、風險與報酬的關係、適合目標的投資方式，這些事情對某些投資人來說，實在是太辛苦了！他們不想研究，只想要答案。「不論為了什麼目的，投資不就是要賺錢嗎？」這是他們心中簡化的投資觀。於是，「就給我會賺錢的標的名稱就好了，我不需要理由」正是這些投資人的共同心聲。

因為有了需求，就有了供給。於是在一些投資節目、刊物、網路論壇中，我們常會看到俗稱明牌的建議買進標的。這是一種無論是哪種投資人都可以用的建議。譬如某某股票會漲，應該買進；某支基金看好，可以買進抱半年等。

為什麼明牌人人適用呢？因為它隱含了一個暗示，那就是「它會賺錢」。不管投資人是老是少，是要投資一個月還是 20年，賺錢，總沒人反對吧？

明牌給人一種簡單明確，指出一條正確道路的感覺。在雜亂無章的金融世界中，看起來就像是準確的指北針。加上推行

者言之成理、自信滿滿的推論，看來相當具有說服力。有時候，這類訊息更要付出金錢才能取得。而投資人在付錢買明牌後，似乎更相信這些建議背後必然有些什麼。

我們來分析一下，為什麼有人要提供保證賺錢的建議？

假如你身為一個投資人，某天知道了一件全市場只有你知道，而且會讓某支股票上漲的消息。請問，你會如何利用這個消息？你會不會用盡所有的方法籌措資金，全力買進這支股票，然後等著消息公開後，坐收你的獲利？

假如你知道某個確定可以賺錢發財的機會，你會自己用，還是公開讓大家知道？

假如上天讓你看見明天的報紙，你知道了未來的樂透數字組合，你會自己去買，還是以一個數字 100 萬的代價，出售這個訊息？

假如你是逃出生天的基督山伯爵，你會獨享寶藏，還是集資成立寶藏挖掘公司，與眾人分享財富？

假如你確切知道未來市場或個股的走勢，你會留給自己賺，還是公諸於世，讓大家一起賺？

你會怎樣選擇？答案再明顯不過。

公開一個賺錢的祕方，本身就是一件毫無道理的事。在人人為己、追求自利的金融市場，居然有人會有慈善家的情操，公開賺錢祕方，那是最可笑、最不可信的事。

而常常，這些明牌建議還要收費。這時，答案就出現了。販賣這些建議，比使用這些建議，可以賺更多的錢。這些股海

名師，他們賺的是提供明牌的費用，而不是遵從這些指引的獲利。為什麼？因為這些指引不一定賺錢，明牌不一定會對。明牌絕不可能永遠都賺，那是不可能的事。

假如有人聲稱他參與股市的方針與建議，是穩賺不賠的，或號稱賺得一定比賠得多，那等於是說，股市投資對他沒有風險。股市投資對某人沒有風險？聽到這句話，你的反應應該像看到有人宣稱，他不用呼吸也可以存活一樣。這有可能嗎？這是聰明人會說的話嗎？

這些明牌的提供者違反了兩個基本原則：一是人性；會賺錢的方法，人一定會留下來自己用。二是基本市場邏輯；沒有人可以持續提供穩賺的標的，那是不可能的事。

至於這些明牌什麼時候會對，什麼時候會錯？這個問題只與相信股海名師的投資人有關。聰明的投資人，不應把無聊且無關的責任攬在自己身上。

就投資人方面來看，為什麼有人要聽信這些明牌？

兩個原因，「貪」與「懶」。

貪，讓人相信不可能辦到的事。相信市場有大師可以持續供給投資人正確地買進指引就是一例。人心中的貪念，往往可以將理智蓋台，做出一些不聰明的舉動。

懶，讓人吝於活動自己的大腦與思緒。這類投資人往往懶得自己下功夫研究，以為只要雜誌翻一翻、網路逛一逛，或是花點小錢，他就可以找到下個連續五支漲停板的標的。他連運用基本邏輯的能力也放棄了，才會相信有人可以持續提供賺錢

的指引。

又貪又懶的一群人，不宰他們，還要宰誰？所以這些明牌更險惡的一面，便在此顯露。明明公司狀況不佳，但有人要出貨，叫誰買呢？那當然是又貪又懶，相信賺錢祕方會像防空警報廣播給大家聽的投資人。

明牌的目的是要讓愈多人參與、愈多人相信，所以它有一種不論是誰都可以使用的特質。這種特性，讓明牌成為操弄大批投資人的順手工具。

容易被操控的人，就是沒有主見的人。去聽信明牌，等於是讓別人操控自己的金錢。當人有機會操縱他人的資金時，他腦中所想的，往往是如何從這些資金之中，為自己創造最大收益。基金業者的高額內扣費用讓我們看到一個例子，明牌背後的邪惡本質，則是另一個。很多明牌其實是保證賠錢指引。

你可曾在路上遇到一個人，打開自己的錢包，裡面有十張千元大鈔，然後他要拿五張分你。你會收嗎？你會不會想到「金光黨」三個字？在金融市場，假如有人打開錦囊要和你分享穩賺不賠的標的與方法時，假如你能想到「金光黨」三個字，你就能跳脫這個風險，逃離此劫了。

7-2 錯誤 ❷ 相信沒有根據的操作方法

對於市場稍有基本認識的投資人，大多能體會明牌的荒謬之處。明牌一般是指關於投資標的的建議，但有另一種明牌，更為細緻且符合人性，因此深入許多投資人心中，讓人覺得「投資就是要這樣才對」。這種操作方法方面的明牌，最常見的兩個，就是「停損」與「停利」。

◎ 停損停利的理性檢討

什麼？停損停利是投資方法的明牌？沒錯。且放下你對這兩個操作方法的既定看法。我們只要一點邏輯、一點事證，就可以體會停損停利不合理的地方。

1. 停損

我們先來看停損。這裡所說的停損，是指完全以持有標的跌幅做為賣出標準的操作方法，譬如跌 20% 就賣出，就是一種停損操作。

我們先回到最根本的問題，為什麼要停損？

很簡單，避免損失擴大。下跌了 20% 就出場，損失到此為止，不會再擴大了，這樣不是很好嗎？

對！表面看起來很好，一般投資人大多也只想到這裡。但是，我們可以再深入想想兩個方面：一是投資標的本身，一是

之後的投資。

假如這個剛讓你 -20% 停損賣出的標的，在你賣出之後開始回漲。不僅漲到你的買進價位，還超過，變成正報酬。那麼這次停損就是一個錯誤的動作。它不僅實現了損失，還讓你錯過未來賺錢的機會。

假如這個讓你 -20% 停損賣出的標的，在你賣出之後持續探底，譬如跌到 -50%。那麼，這次停損的確是一個正確的動作——它阻止了投資人繼續參與更多的下跌。

大多投資人希望停損發揮的是後一個功能，但停損一樣有可能帶來前一個後果。你如何知道停損之後，會是什麼結果？

答案只有一個，那就是你要事先知道這個標的未來的走勢。假如在 -20% 時，你知道它會持續下跌。那麼停損會是個正確的決定。假如在 -20% 時，你知道它未來會漲回，那麼就不應該停損。

請問，一般倡行的停損紀律，有沒有請投資人先判斷一下未來走勢再行決定是否要停損？還是一再強調，因為這是「紀律」，所以一觸及停損點，就不必再多想，只要出場就對了？

再來，我們想一下接下來的投資。在 -20% 停損之後，剩餘這 80% 的資金，就離開金融市場了嗎？假如是這樣，那麼沒錯，損失會控制在 -20%。假如這筆錢之後仍要繼續投資。那麼請問，有沒有可能再遇到 -20% 停損的狀況呢？答案當然是有可能。

投資人可能是買個股：在這支股票虧 20% 出場後，下一支

股票又讓他虧 20%；他可能是以基金做為投資工具：在跌 20% 出場後，投入的下一支基金又虧 20%。這都是有可能的情形，資金只要留在市場之內，就會有虧損的風險。

停損，最多只能控制單次的損失（假如沒讓人錯過之後的上漲的話），它無法預防投資人一直遇到需要停損的狀況。這次 -20% 停損，下次又 -20% 停損，兩次下來就是近 -40% 的損失了。停損設下的百分比，絕非資金損失的上限。

總結來說，停損一旦執行，投資人不知道是控制損失擴大或是錯失未來上漲。停損只能控制單次的損失，無法控制整體資金的損失上限。

那為什麼舉目所及，幾乎都是對停損的頌揚之聲？某某投資人說，還好在某某股變成全額交割之前，他就停損出場了。某某投資人說，還好在某基金跌到 70% 前，他就停損出場了。停損不是都有幫到他們嗎？

那當然了。人們喜歡拿出自己賺最多的標的出來炫耀，喜歡說自己哪次操作成功。那些停損賣出之後，標的回頭上漲，一飛沖天的投資人，絕對不會在網路論壇上和大家分享他那「恰到好處」的停損操作。但可以保證的是，這些人一定存在。

停損更代表一種投資心態上的矛盾。執行停損，賣掉手中的持股，代表的是你買進過，你曾覺得這是個值得買進的標的。

我們來看個例子。有天，你在櫥窗中看到一顆鑽石，耀眼奪目，你覺得很心動，但要價 20 萬，讓你買不下手。過了一個禮拜，你走過同一條街道，這家珠寶店開始特價活動，原本要

價 20 萬的鑽石，現在只要 15 萬，少了 25%，你會覺得怎樣？

在金融市場，原本值得買的東西，假如價格下跌，就該賣掉，而不是買更多。這就是停損的哲學。

追根究柢，原因在於心態。會執行停損的人，他們不是擁有證券，而是在租借證券。證券在他們眼中，只是一張紙，一張價格可能漲也可能跌的紙，而非代表持有企業的一小部分。假如這張紙在市場上變得不值錢了，他們就開始擔心沒有人要來接手，所以要快快轉手出去。這種心態，可稱做投資嗎？他們一定不會想，股價便宜，代表可以用更低的價格買進具有生產力的企業股份。

深入想想，你會發現「停損」這個許多人奉為圭臬的操作方法，在理性分析後其實很難站得住腳。

2. 停利

一樣從最基本的問題開始，為什麼要停利？基本理由是這樣的：

個股、股市、債市或是其他市場，它會上漲，也會下跌。譬如像圖 7-1 這個先漲後跌的圖形。

圖 7-1

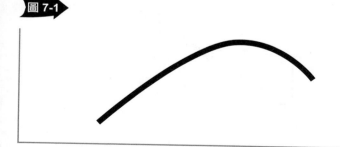

假如你在上升的這段沒有賣出，一直持有的話，那麼你的獲利會在下跌那段招致侵蝕，甚至成為負數。所以，上漲的時候要賣出。問題是，什麼時候賣呢？所以有人提出了停利的概念，漲某某 % 就應該賣掉了。

這個概念最吸引人之處在於，在反轉下跌前賣出的可能，或是賺到了大部分的上漲波段後出場，如圖 7-2：

圖 7-2

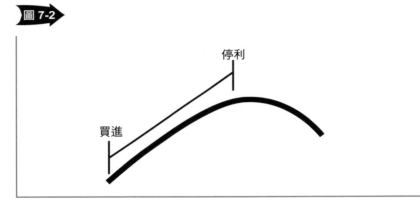

但大多投資人沒有想到的另一面是，你可能錯失了大部分的上漲，以及你要繳更多的交易費用。如下圖：

圖 7-3

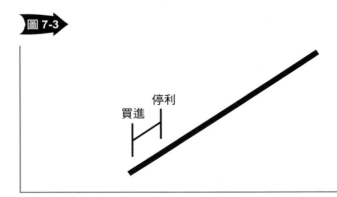

所以，這個標的在你停利之後，是讓你賺到這段漲幅的90%，或是讓你只賺到這段漲幅的10%呢？都有可能。

假如是前者，停利讓投資人賺到這段漲幅的多數，那麼這個停利動作是對的。假如是後者，停利讓投資人錯過大多的漲勢，那麼停利就是錯的。

如何知道停利會是對還是錯呢？就和停損一樣，你要能事先預知這個標的未來的走勢。唯有當你能正確預知未來走勢時，停利才會是個有用的方法。

提倡停利的人，可曾提過要想一下未來走勢如何，再考慮是否要執行停利呢？還是一樣又拿出「紀律」這頂大帽子，說因為這是「紀律」，所以獲利到了一個百分比就一定要賣？

合理的投資方法，應有正確的邏輯。一個在邏輯上站不住腳的方法，居然可以用「紀律」之名，在投資界大行其道，真是很奇特的現象！

這種「紀律」之所以被那麼多投資人所接受，在於人們希望相信自己因為做了什麼，所以市場就應該給予他們對應的報酬。許多使用「停利」的人，常自比為不貪心的投資人。他們認為，因為自己不貪心，市場應給予他們合理的報酬。

這讓人想起兩個畫面：

有個國小學童，明天要去郊遊了，他很期待。可是天氣預報說明天鋒面過境，恐怕不很樂觀。於是這個小朋友今天表現特別乖，不偷吃糖、準時上床睡覺，做個乖小孩，希望天公疼惜他，賞他一個好天氣。

　　遠古原始部落，乾旱連年，在例行祭典中的活人獻祭，巫師決定要犧牲多一倍的人，以祈求上天憐憫。

　　設停利，你很乖，不貪心，所以市場會憐憫你？這叫做紀律，這可稱邏輯？

　　明天的天氣，一年的雨量，和這位小朋友乖不乖，獻祭的人夠不夠多，有關係嗎？

　　設下停利，就可以跟市場討價還價？說自己不貪心，所以賺錢的機會就比較大？實情是，這支證券、這個市場不會知道現在賣出它的人，是用什麼理由賣出。只有在賣的人自己知道而已。

　　很多人覺得停利賣出之後，就「落袋為安」了。這也未必！譬如設 20% 停利，假如在賺了 20% 之後，你的資金就永遠離開市場，去花用、去定存了，那麼這 20% 的確是落袋了。假如你還要投入市場，停利之後，資金在下一次投入時，一樣面臨虧損的風險，就像資金繼續停留在原來的市場或證券一樣，風險不會消失。

　　停利這個操作方法還有衍生形態。為了避免因執行停利反而錯失大段上漲的狀況，所以有人提出移動停利停損法。它通常是像這樣運作的：

　　譬如剛開始買進後，停利設 15%，停損 5%。真的漲 15% 之後，先不要停利出場，再以這個點做為一個新原點，再漲 15% 就再看看，跌 5% 就停損。表面看起來真有道理，你不會因停利，遇到漲幅一大段，自己卻只參與一小部分的狀況。市

場一反轉，還可保有獲利。

這個方法真的有效嗎？我們回到基本的問題，移動停利停損會比單純停利好嗎？

譬如某證券真的漲 15% 了，這時你就停利賣掉，會比執行移動停利停損差嗎？

答案是「不一定」。假如它再繼續漲上去，那麼一賺到 15% 就出場，的確比不上移動策略；但假如漲到 15% 後，再漲了一些些，然後就開始下跌，觸碰到移動策略的停損點，那麼是單純一賺到 15% 就出場比較好。

市場或證券到底未來會怎麼走，跟你設單純停利，或移動策略有關係嗎？仍然是一點關係都沒有！難道投資人只要設下移動策略，他所買進的證券或市場，就全都會變成以移動策略操作會有較佳結果的走勢嗎？

假如投資人無法預知未來的走勢，他就不會知道哪種停利策略比較好。假如投資人真能預測未來走勢，單純的停損停利就讓他賺不完了，他也不需要移動停損停利的策略了。

◎ 停損停利的實際效果

關於停損停利，已經有太多華美詞藻加諸其上。但這些頌揚之詞中鮮少提到的，就是停損停利的實際效果。我們以一段市場的實際表現，來驗證停損停利的效果。

自科技泡沫破滅後到金融海嘯前的這段期間，新興市場表現強勁。摩根史丹利（MSCI）編製的新興市場股票指數（EM

Index）[53]，從 2003~2007 這 五 年 間，分 別 有 56%、26%、35%、33% 與 40% 的單年報酬率。我們就來看一下，在這段市場表現亮眼的期間，施行停損停利與單純買進並持有的效果如何。

假設狀況是在 2002 年的最後一天，單筆投入 1 萬元。然後每月檢視，以摩根史丹利新興市場股票指數計算報酬，直到 2007 年的最後一天。買進並持有策略就是 1 萬元投入之後，就不去動它。停損停利策略則是 30% 停利，-10% 停損。一旦月底檢視發現獲利已達 30%，便執行停利，或是損失超過 -10% 就執行停損，然後隔一個月，也就是到下個月的月底，再將資金投入。

這段期間，停損停利策略與買進持有策略的狀況如表 7-1：

▶ 表 7-1　停損停利策略與買進持有策略

單位（元）

日期	30% 停利，-10% 停損	累積報酬率	附註	買進並持有
	投資價值			投資價值
2002/12/31	10,000			10,000
2003/1/31	9,956	-0.44%		9,956
2003/2/28	9,688	-3.12%		9,688
2003/3/31	9,413	-5.87%		9,413
2003/4/30	10,251	2.51%		10,251
2003/5/30	10,987	9.87%		10,987
2003/6/30	11,613	16.13%		11,613

53. 指數類別為計入股息的標準美元計價核心指數（Gross, USD, Standard core）。

日期	淨值	報酬率	備註	累積
2003/7/31	12,341	23.41%		12,341
2003/8/29	13,169	31.69%		13,169
2003/9/30	13,266	32.66%	第一次停利	13,266
2003/10/31	13,266		再行投入	14,395
2003/11/28	13,429	1.23%		14,571
2003/12/31	14,402	8.57%		15,628
2004/1/30	14,914	12.42%		16,183
2004/2/27	15,602	17.61%		16,929
2004/3/31	15,802	19.12%		17,147
2004/4/30	14,510	9.38%		15,745
2004/5/31	14,224	7.23%		15,435
2004/6/30	14,289	7.72%		15,505
2004/7/30	14,037	5.81%		15,231
2004/8/31	14,624	10.24%		15,869
2004/9/30	15,469	16.61%		16,785
2004/10/29	15,840	19.40%		17,187
2004/11/30	17,307	30.46%	第二次停利	18,779
2004/12/31	17,307		再行投入	19,683
2005/1/31	17,361	0.32%		19,746
2005/2/28	18,886	9.13%		21,480
2005/3/31	17,642	1.94%		20,065
2005/4/29	17,171	-0.78%		19,530
2005/5/31	17,776	2.71%		20,217
2005/6/30	18,390	6.26%		20,915

2005/7/29	19,691	13.78%		22,395
2005/8/31	19,868	14.80%		22,597
2005/9/30	21,721	25.51%		24,704
2005/10/31	20,302	17.31%		23,090
2005/11/30	21,983	27.02%		25,002
2005/12/30	23,285	34.54%	第三次停利	26,483
2006/1/31	23,285		再行投入	29,457
2006/2/28	23,262	-0.10%		29,429
2006/3/31	23,471	0.80%		29,692
2006/4/28	25,146	7.99%		31,811
2006/5/31	22,517	-3.30%		28,485
2006/6/30	22,469	-3.50%		28,425
2006/7/31	22,805	-2.06%		28,850
2006/8/31	23,397	0.48%		29,599
2006/9/29	23,594	1.33%		29,848
2006/10/31	24,716	6.15%		31,267
2006/11/30	26,557	14.05%		33,596
2006/12/29	27,755	19.20%		35,112
2007/1/31	27,468	17.96%		34,749
2007/2/28	27,309	17.28%		34,547
2007/3/30	28,407	22.00%		35,936
2007/4/30	29,726	27.66%		37,605
2007/5/31	31,206	34.02%	第四次停利	39,477
2007/6/29	31,206		再行投入	41,345

2007/7/31	32,869	5.33%	43,548
2007/8/31	32,181	3.12%	42,636
2007/9/28	35,737	14.52%	47,348
2007/10/31	39,726	27.30%	52,632
2007/11/30	36,912	18.28%	48,905
2007/12/31	37,044	18.71%	49,079

從上表我們可以看到，30% 停利 -10% 停損策略在這段期間，共執行了四次停利，零次停損，到 2007 年最後一天，可讓初始投資的 1 萬元成長為 3 萬 7,044 元。買進並持有，則可以讓 1 萬元成長為 4 萬 9,079 元。停損停利的累積報酬為 270%，買進並持有的報酬則為 391%。換句話說，停損停利在這段期間，讓投資人錯失 121% 的報酬率。這還沒有計入停利賣出，然後再行投入時，所會招致的買賣佣金或交易手續費等投資成本。

為什麼會這樣？

因為停利離開市場的期間，投資人錯過了市場的上漲。2003 年 9 月、2004 年 11 月、2005 年 12 月以及 2007 年 5 月這四次停利的動作，分別讓投資人錯失下一個月 8.51%、4.81%、11.23% 以及 4.73% 的漲幅。

請不要小看這些似乎頂多就 11% 多一些的上漲。停損停利策略與買進並持有的顯著報酬率差異，就是這些數字造成的[54]。

許多人把停損停利稱為一種紀律，到了就要執行。請問，這種執行的「紀律」，到底會帶來好效果還是反效果呢？你如何知道這次停損停利一旦執行，是讓人錯過日後的上漲還是躲

---

54. 買進並持有所得到的 49,079 元贏過停損停利所得到的 37,044 元，就是這四次錯失的報酬造成的。
37,044×(1+8.51%)×(1+4.81%)×(1+11.23%)×(1+4.73%)=49,078。

過未來的下跌？把停損停利這個方法放在廟堂之上，獻上供品，替它戴上「紀律」的大帽，它就會變成保佑投資大眾的神明了嗎？其實，停損與停利根本稱不上紀律。它是偽偶像、假神明！

一廂情願的相信在理論與實務上都站不住腳的「投資方法」，便是投資的最大風險之一：沒有看清自己使用的策略，它的意義與作用到底在哪？

◎ 糾結難解的心理帳

停損與停利，是一種依據過去績效來推論下一步該如何行動的方法，它干擾投資人對於目前狀況的判斷，讓人難以擺脫績效數字。我們來看個假想例子。譬如一樣是 1 萬元的資金，這 1 萬元放在銀行定存，或是價值 1 萬元的基金投資，投資人處理兩者的態度便可能截然不同。

假如目前價值 1 萬元的基金，當初有 2 萬元的價值，也就是說這 1 萬元，現在帳目上是 -50% 的虧損。那麼，投資人便可能想要停損賣出了。

但假如投資人這 1 萬元是在銀行定存之中，他可能看到基金跌到相對低點，反而會想要買進。

在基金之中的 1 萬元與在銀行中的 1 萬元有什麼差別？基金贖回換得的 1 萬元和銀行提出的 1 萬元，購買力有何分別嗎？為什麼一樣的投資人，會對一樣的 1 萬元採取不同的行動？

原因就在於，投資人已經無法放眼未來，他滿腦子都是過去的盈虧數字。盈虧數字是許多投資人難以擺脫的思考障礙。

當這 1 萬元背負著損益數字時，我們的投資決策很容易被這些數字扭曲。有時投資人應該試著放掉這些損益百分比，想想看，假如同樣金額的資金是放在定存中，或就在你的皮夾裡，你會做出怎樣的決定呢？

◎ 操作不是重點

我們回頭再看一下上表用黑框框起來的部分。我們可以看到，在這段期間，停損停利策略在 2003 年 9 月底，便因超過 30% 的獲利，執行了停利，將所得資金 1 萬 3,266 元退出市場。然後到 2003 年 10 月底，重新投入市場。

買進並持有與停損停利有什麼不同呢？其實我們可以將買進並持有看作停損停利後立即投入。譬如在 2003 年 9 月底，買進並持有也達到 32.66% 的獲利，投資價值達到 1 萬 3,266 元。這時繼續持有，等於是在這個時點執行停利，然後瞬間便再投入市場。

停損停利之後再瞬間同時回到市場與買進並持有是同義的。投資人不必在真實世界中實際執行，他只要腦中思考即可。繼續持有，不為所動，和在當下賣出，同時原價買回，是一樣的意思（除了後者需要投資成本之外）。

所以在 2003 年 9 月底執行的停利動作與買進並持有的差別發生在哪裡呢？不是因為一個有停利，一個沒有停利。因為買進並持有，其實就等於是停利之後，又再瞬間回到市場。造成這兩者差異的根本原因，在於停利之後，市場的走向。+30%

停利出場的資金停留在場外，買進並持有的資金則在「停利」後繼續留在市場中。

假如市場在這段期間的表現，勝過出場的資金報酬，那買進與持有就贏了。正如我們在這個例子中看到，買進與持有，因為「停利」後瞬間回到市場，掌握了下一個月 8.51% 的漲幅，贏過了 +30% 便出場的停利策略。

所以，停損或停利的操作根本不是重點。假如你喜歡的話，你也可以想像自己的買進與持有，正不斷地執行停損停利，只是在下一瞬間，你的資金都會回到同一個市場與標的之中。停損與停利出場能否勝過買進並持有，重點就在於出場多久以及出場這段期間的市場表現。假如出場期間，投資人錯過了上漲，那麼停損停利就吃虧了。

太多投資人只著重於停損與停利操作的表象，卻沒看清這個操作手法能否勝出，完全取決於停損停利之後的市場走勢，而不在於投資人有沒有執行停損停利。

◎ 為什麼停損停利如此盛行？

深入探究，投資人會發現停損停利在邏輯上很難站得住腳。這樣一個不健全的操作方法，為什麼在市場上有那麼多人使用、甚至被當成紀律稱頌呢？有兩種人需要這個操作方法，投資人與金融業者。

先從投資人方面來看。

市場是交換風險的地方。買進證券的投資人，承擔價格下

跌且參與其中的風險。賣出證券的投資人，承擔價格上漲卻沒有參與的風險。每筆成交，都是風險的交換。

和很多人想像的不同，許多人認為出清持股，走出市場，他就沒有風險了。

「出清持股就沒有風險」，對許多投資人來說，其真正意涵在於「走出市場就沒有心理壓力」。

大多數投資人離開市場為的是處理心情的不安。而停利和停損，正是處理心理不安的方法。

停利處理的心理問題是──懼高症。很多人看著手中持股價格愈來愈高，心中也愈來愈害怕，就像看著木條堆成的疊疊樂愈排愈高。心中雖因財富的增加而高興，想要再多累積一些，但又害怕整個垮下來。於是採用停利策略，讓自己的心情平靜下來。

停損處理的心理問題是，切斷繼續損失的恐懼。許多人看著手中原本看好的標的，跌得一塌糊塗，心理難受。承受金錢損失與暗中譴責自己看錯的雙重心理壓力。而且，損失 1 萬元的痛苦遠大於賺取 1 萬元的快樂。就算這個標的再漲 20% 回來，也比不上想到有可能再損失 20% 的痛苦。

大多數投資人都沒有受過特別的心理訓練，就貿然投入市場這個反覆考驗自己心性的環境。在這種狀況下，選擇心靈的解脫，並衷心相信停損與停利才是對的做法，應不令人意外。

市場一定會有波動。沒有任何一位投資人，可以永遠買在低點，賣在高點，讓手中持股永遠都只有漲勢。如何以正確的

心態面對與走過持有標的的價格起伏，而不是用停損停利這些無法真正處理問題的方法來參與市場，才是投資人應該下功夫的地方。

對於金融業者來說，倡行停損停利會讓他們看起來具有一種謹慎務實的態度。而這種態度會讓投資人覺得可以信賴。你看，跌多少我就建議你出場了，漲多少我就建議你落袋為安了，我是多麼為你著想啊，夠可靠了吧？

一般人在面對投資時，先進入腦海中的是期待獲利的興奮與害怕虧損的恐懼心理，而非理性思考。所以一聽聞停損停利這個專門處理心理問題的方法，便會覺得貼切異常，心想，怎麼有那麼好、那麼有道理的操作方法，我一定要謹守這個「紀律」。但在理性上，只要投資人願意動大腦分析一下，他會發現這種操作方法不合邏輯。

對於金融業者，停損停利有個更大的作用，那就是讓投資人買進賣出。不論是股票或是基金，都是買賣愈多，業者收入愈豐厚。假如提倡買進並持有的投資策略，那麼券商和基金代銷機構要賺什麼呢？想想看，假如有投資人每月買 2 萬的基金，買進後就一直持有，和另一位投資人，一樣每月買 2 萬的基金，但每過一年，就會因停損或是停利的理由，將 20 幾萬的資金全部撤出，再行買進。哪種操作方法會讓基金代銷業者賺比較多錢呢？

有時，金融業者也不是不知道停損停利有時有用、有時沒用，但他們知道投資人每次的買進賣出，都會為他們帶來有用

的收入。

都不停損停利會為投資人帶來怎樣的結果呢？就以台股為例。台股是個有長期成長態勢的市場。加權股價指數從民國 56 年 1 月 5 日的 92.48，到民國 99 年 1 月 4 日的 8,207.85，是 87 倍的漲幅。也就是說，假如在民國 56 年當時，就有指數化投資工具讓投資人獲取台股的指數報酬，投資人一直持有 43 年，中間不做任何停損，也不做任何停利，他就可以拿到 87 倍的報酬。

在這 43 年間，忙碌地謹守「停損停利」策略，會讓投資人錯失多少次下跌後反轉的上漲？會不會讓投資人在市場泡沫初段，先停利出場，然後看著指數一飛沖天，又耐不住性子進場？這樣 43 年下來，會比單純持有獲得更高的報酬嗎？

投資，不見得是有操作就比較好。沒有邏輯的操作，更是最好不要用。不要再跟隨別人唱頌「停損停利」的口號了。假如你已能體會標的明牌往往讓人得不償失，那你也應能知道停損停利就是操作方法的明牌。唯一能確定從中獲利的，是從每次買賣中賺取佣金的金融業者。

投資人應相信數字與理性，而不是相信自己的感覺，以及只是讓自己感覺很好的策略。

7-3 錯誤 ❸ 不進行真正該做的停損

　　唯一有用的停損，是可以確定現在假如不做，未來狀況一定會更糟的時候。譬如在跑步運動的時候，突然扭到腳，這時就應該「停損」，中止這個活動。因為幾乎可以確定，假如不休息，繼續跑下去，傷勢一定會更加惡化。這種不停下來，未來一定會愈來愈糟的情形，才是應該中止的活動。

　　投資的時候有什麼狀況不中止它，未來會造成愈來愈嚴重的損壞呢？

　　最常見的情形就是使用高成本投資工具。很多投資人念茲在茲的，就是一年 -30% 之類的市場重挫，可是卻對基金內扣1.5% 以上的成本不以為意。這是非常矛盾的一件事。因為，這兩者的意義是相同的。

　　我們可以看到表 7-2，每一年皆扣除 1.5% 的內扣成本，以及在單一年度遭到 -30% 的下跌，對 1 萬元初始投資本金價值的影響。

▶ 表 7-2　初始 1 萬元投資價值

單位 (元)

年度	每年 -1.5%	單年 -30%
1	9,850	10,000
2	9,702	10,000
3	9,557	10,000

4	9,413	10,000
5	9,272	10,000
6	9,133	10,000
7	8,996	10,000
8	8,861	10,000
9	8,728	10,000
10	8,597	10,000
11	8,468	10,000
12	8,341	10,000
13	8,216	10,000
14	8,093	10,000
15	7,972	10,000
16	7,852	10,000
17	7,734	10,000
18	7,618	10,000
19	7,504	10,000
20	7,391	10,000
21	7,280	10,000
22	7,171	10,000
23	7,064	10,000
24	6,958	10,000
25	6,853	7,000

🎯 基金內扣費會吃掉你的預期報酬

從表中我們可以看到，內扣 1.5% 雖然每年只會造成 100 多元的價值減損，但時間一拉長，小小 1 個百分點的內扣費用也可造成威力強大的侵蝕效果。到了第 24 年，原本的 1 萬元就已經被吃掉 30% 以上了。和整個投資過程中，某單一年度遭受 -30% 的打擊相比，有過之而無不及。

在這個假想範例中，為了方便說明，假設每年的投資報酬率為零，資金分別只受到內扣成本與單年下挫的侵蝕。在資金隨著市場起伏而猛烈波動的現實狀況中，小小百分之幾的投資成本似乎小到看不出來。但它的作用不變──在上漲的年度，成本讓你少賺；在下跌的時候，成本讓你多虧。長久下來，將累積成可觀的損失。

投資 25 年的期間很長嗎？一個 25 歲開始步入社會工作的年輕人，以 65 歲退休時所需要的退休金進行投資規劃，投資期間就是 40 年以上（屆退休年齡之後，一般仍是繼續投資，而非在退休當下，就將資產全部轉為現金部位）。不注意手上投資工具的成本，等於是在一般市場起伏之外，替自己帶來一個人造的嚴重虧損。

許多金融產品為了讓這一年 1 點多趴的費用率看起來更沒有殺傷力，改以一個月千分之幾的費用表示法。其實，一個月千分之一的費用，就約略等於一年 1.2% 的費用。投資朋友必須特別小心這類銷售伎倆。

「使用高成本投資工具」才是真正需要停損的地方。因為一旦停止使用高成本，改用低成本投資工具，你的資金就可以逃過高成本的重擔，有更大的成長空間。也因為不停止使用高成本投資工具，未來你的資金一定會不斷地遭受侵蝕。這是一個投資人不去中止它，狀況一定會愈來愈糟的投資行為。而且，和市場變幻莫測的走勢比起來，內扣費用所造成的資金侵蝕，是你去注意、著手處理，就可以逃過的負面事件。人人都想逃過市場下跌，但幾乎沒有人能持續達成。但只要你想離開高成本的魔爪，你一定能辦到。

7-4　錯誤 ❹　看後照鏡投資

　　在坊間理財書籍或是雜誌報導中，投資朋友常可以看到一些投資祕訣分享。譬如出書的作者或是受訪的理財達人，會公布他的獨門祕訣。這些祕訣常與如何選擇時點進出市場有關。

　　譬如有的作者可能會提到，在台股跌到某某點以下就買進，在台股漲到多少點以上就賣出；有的台股達人會說，在某指標出現某訊息時就賣出，在指標變成怎樣時就買進。

　　不約而同地，這些作者和達人，都用這些方法從市場中賺了一大筆。成功地躲過下跌，掌握上漲趨勢。

　　請小心這些投資方法！

　　首先，這些人都成功了。他們因為成功，所以才能出書或受訪。他們為什麼成功，正因為他們的方法有效。不過要注意的是「在過去有效」。假如他們的方法在過去沒用，他們會有機會出來宣揚這個方法嗎？不會！

　　在過去有用的方法，未來會有用嗎？不一定。

　　我們來看個例子。

圖 7-4 1977 ～ 1980 年，加權股價指數走勢

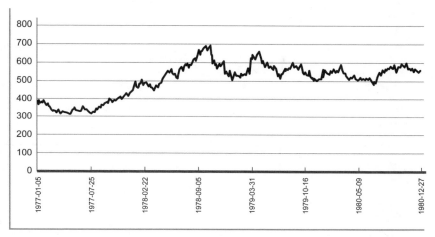

　　圖 7-4 是 1977 年初到 1980 年底這四年期間的台股走勢。
我們可以看到加權股價指數在 300 點到 700 點間來回。

　　我們假想在 1980 年底，有位台股達人接受訪問，公開他的
成功方法，他會怎麼說呢？很可能會類似這樣：我都在台股跌
到接近 500 點時買進，然後 600 點就賣出。一年只要做個幾次，
很輕鬆就賺 20%（500 點到 600 點是 20% 的漲幅）。

　　當時看，真是有道理啊。接下來幾年會怎樣呢？

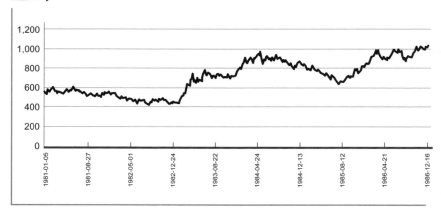

圖7-5 1981～1986年，加權股價指數走勢

圖 7-5 是 1981 年初到 1986 年底的台股走勢。假如你相信跌到 500 點買、600 點賣的操作方法，那麼在 1983 年 3 月 26 日，指數超過 600 點後，你就不知道該如何操作了。或是在指數邁向千點時，仍在癡癡地等待指數跌到 500 點的時候。

現在我們回頭看許多盛行的類似說法，譬如幾千點買進、幾千點賣出的操作方法。你仍覺得它們很可靠嗎？

◉ 投資像開車，別只看後照鏡

有些人藉此獲得成功了，恭喜他們。但我們不應拿這些過去有用的方法，以為未來一定有用。因為這就變成標準的「看後照鏡投資法」。拿過去有效的方法，以為未來股市的走勢會和過去一樣，等著讓你利用，絕對是一種一廂情願。事情沒那麼簡單，投資不是這樣就可以輕鬆賺錢的大同世界。看著後照

鏡開車，總有一天會把車子開進山溝的。

　　每天、每年，都會有許許多多的投資人使用各種方法與指標進出市場。他們之中的多數都會失敗，但你看不到，因為失敗的人不會有機會出書或是接受訪問。你看到的，會是那些使用某種方法成功進出市場的人。假如你就單純地認為原來只要那麼簡單，就可以找到掌握上漲、避開下跌的聖盃，或是相信只要照這些方法，未來仍能持續帶來高超獲利，那麼，你的投資思維正把你帶向危險之地。

7-5 錯誤 ❺ 事後諸葛

常有許多投資檢討其實是事後諸葛，根本沒有必要，只會徒增心裡的失落。

最常見的例子，就是在知道走勢之後，發表在何時就應該停損停利的高見。譬如在金融海嘯之後，很多人就會說，在 2008 年高點之際，早就應該停利出場，不要戀棧，那麼就可以保有獲利，逃開浩劫。

表面看起來，可真有道理。但事後看，誰不知道該在哪裡停損停利？問題是，望向未來，你知道現在是應該停損還是停利嗎？

假如當時 2008 年沒有發生金融海嘯，全球股市持續上漲，那麼在那時候停利出場的人，不就錯過一大段漲幅？因為停利錯過漲幅的人，會出來在網路論壇上發表高見嗎？

同樣地，假如某支股票持續下跌，到最後終於下市。很多人就會在事後說，當時早就應該停損出場，就不會落到持有壁紙的下場。但問題是，假如在下挫過程中，股價起死回生，來個 V 型反轉，那些停損出場的不就是賣在低點？這時就會有人發表高見，在低點就應該逢低買進，勝利屬於勇敢的人。

事後看，要獲得勝利永遠是很簡單的！

不要用這種事後無所不知的資訊，來評斷當初在迷霧中摸

索的狀況。任何運用已知的資訊，然後做出當初應該要怎樣做的言論與判斷，其實都是無聊的事後諸葛罷了。

7-6 錯誤 ❻ 沒賺到錢的策略就是錯誤的策略

　　使用健全的策略投入金融市場，絕非賺錢的保證。不要忘記！市場就是讓人用虧損的可能，換取賺錢機會的地方。不論你用再好的投資策略，都不能逃避這個風險。

　　所以每當重大金融事件過後，就有人開始檢討起一些相當健全的投資方法。言論常是類似這樣的說法：你看，買進並持有也是賠錢啊！定期定額還是賠啊！所以你應該搭配一些短期的買進賣出、看指標等，才會有賺啊！

　　事後看，沒有人看不出怎樣才會賺。但一個健全的策略絕非是在金融市場裡賺錢的保證。一個投資策略只要在邏輯上可行、在實務上可行、讓投資人具有實踐完成的信心，它就是一個好策略。縱使好策略賠錢，它仍是一個好策略。只是，投資人難以接受投資本來就是「冒著賠錢的風險」這個事實罷了。

📚 為什麼你無法致富

　　關於投資人自身的心理陷阱，可參考麥爾・史塔曼所寫的《為什麼你無法致富》一書。

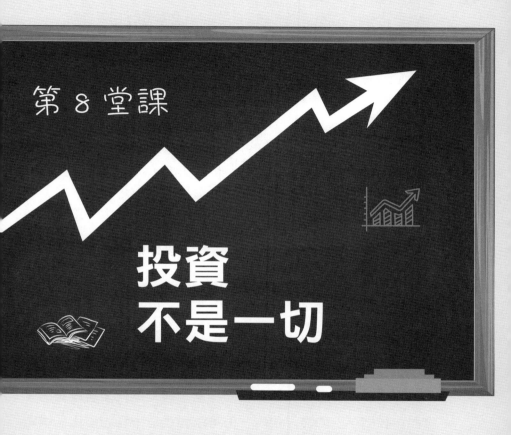

第 8 堂課

投資
不是一切

8-1 學賺錢，不如學用錢智慧

中古世紀有位旅人，將所有家當變賣，換成一袋沉重的金幣，搭上帆船，打算前往遙遠的目的地開始新的生活。途中，遇到了強烈的暴風雨。最後，船撐不住了，船長下達棄船的指令。旅人將這袋金幣牢牢地繫在腰間，然後往海中一躍，迅速地沉到海底。試問，到底是這位旅人擁有了金幣，或是金幣擁有了他呢？

「錢，始終是身外之物。」這是一句太簡單，又太難懂的話。

◉ 金錢的可能

會想要投資賺錢，代表我們在意金錢。錢代表著購買力。掌握在我們手上的錢，代表一份可隨我們自由意志使用的購買力。我們可以用這個力量來滿足許多可能，不論這個可能是想要一家溫飽的單純，或是收集法拉利的豪華。

錢，我們可以現在就用，或是存起來等以後再用。重點是，錢假如不被使用的話，它終究只是一種可能。

人生在世，我們最珍惜的，往往不是擁有什麼物件，而是擁有怎樣的經驗與回憶。

1994 年美國杜克大學的丹 · 艾瑞力（Dan Ariely）教授曾

做過一個實驗。他用一種隨機抽獎的模式,將籃球決賽的門票分送給幸運的學生。然後他做了些調查,詢問沒有得到贈票的學生,願意花多少錢買票,以及得到贈票的學生,願意以多少錢賣票。結果是,沒票的學生,願意出 170 美元買票,而得到贈票的學生,卻要 2,400 美元才願意賣。

為什麼差這麼多?

因為得到贈票的學生,已經預期將這場決賽納入他的人生經驗之中。他會記得自己大學的時候看過這場精采的比賽。他已經預期自己在賽後,將與許多人談論這場比賽的實況細節。人生經驗,特別是讓人回味的美好經驗,是很難用金錢替換的。

假如金錢可以換得我們人生中的某些美好,而金額也在自己可以承擔的範圍之內,那我們實在不應否定自己這個快樂的可能。

因為一個人生命中可以經歷的美好經驗,是應該被實現的,而不是一個僅存在於存款簿上的數字。

當你願意以金錢換取生活上的快樂時,你才能真正體會金錢的力量。

◎ 自己才是金錢的主人

當一個人的目光只局限在存摺上的數字大小、累積投資報酬率有多少時,腦中只想著數字愈大,他就愈自由,卻從未想過累積了金錢之後要做什麼!這種人,他以為自己擁有了金錢,其實金錢才是他的主子。他以為存款簿數字大於某個數字之後,

他就得到財富自由了，其實當數字達到之後，只代表他在金錢牢籠中服刑期滿。之後呢？可能仍無法獲得自己的心靈假釋，繼續坐牢。

這種人，恐怕不知道財富的意義，更不是個財富自由的人類。

錢花在自己與親友身上，讓我們快樂。錢用於幫助別人，也可以讓我們高興（甚至更 Happy）。在積極設想、努力累積金錢的同時，我們也應大方計畫，使用金錢讓自己人生更美好的選項。

因為，**人是生下來體會生命的美好，不是生來累積金錢的。**錢，只是個讓我們達成美好人生的工具，其本身不是個目的。懂得如何獲取金錢，同時也知道如何享受金錢，才是對金錢的健康態度。

8-2 享受投資成果——投資與消費的平衡

我們來看個假想的例子。某天，台灣農產試驗所發展出新的稻米品種，叫做台灣強力一號。強力一號在相同的生長條件、耕作技術與肥料用量下，產量足足比現有的稻作高了 25%。這是個重大發現。

基於某些理由，強力一號的種子首先發給嘉義縣的稻農使用。果然一年下來，嘉義稻米產量大增，當地農民笑得闔不攏嘴。消息傳開，其他各縣市的農民表達強烈不滿，上街遊行抗議，於是政府廣發種子，新的一年，大家都來種強力一號。

又過了一年，全台稻米豐收，稻米產量遠超過一般民眾消費量，米價暴跌。政府出面安撫收購，農民對新稻種感到不滿。

雖是虛構，但這是一個典型的例子。單獨以稻農來看，一個高產量的稻種，將為他帶來豐收。但是當每個稻農都豐收時，產量過剩只會稻賤傷農，稻農不會拿到更多的收入，但消費者可以吃到更便宜的米飯。對單獨農民有益的東西，對整體農民不一定有益。

這是一個假想例子，我們來看歷史上發生過的案例。英國在中世紀前，採行非常原始的農地耕作制度。在這個制度中，好幾個農民共同耕作一塊廣大的田地，沒有明確的私有土地劃分。這種類似共產制度的耕作方法，讓每個農民都求及格就好，

不會有人努力耕作。

這個制度逐漸轉變，到 19 世紀中葉之前，幾乎所有英國的農業用地都已轉化成私人所有。對於每一個擁有自己土地的農夫而言，自己這塊地的收穫就是自己的收入，於是大家戮力以赴。

看起來，土地私有化之後，農民有了自己的地，更加努力工作，將可達成更大的產量，獲取更高的收入，提升農民的生活。事實上，英國農地私有化之後，農業產量果然大增。但是之後過剩的產量和低賤的農產品價格，使得擁有私人土地的農民無法溫飽，他們必須放棄農地，前往剛開始工業化的英國城市找工作。

農地私有化提升農業效率與產量後，將導致農村失業人口大增。這看起來很不符合邏輯的論述，其實相當合理。有人將政策施行後，導致料想不到的後果叫做「意料之外的後果定律」（The law of unintended consequence）。但其實，這類對個體有利反而對全體有害的事件，不是意料之外，它是在事前就應可猜想到的後果。

◎ 投資的成果是什麼？

投資人常以為公司改良營運方式、擴大產能、提升良率、研發新產品，將能替該公司帶來更大的收益，超越競爭對手。

當你單獨看這家公司時，的確是這樣沒錯。但當每家公司都可以這樣做時，而且正在這樣做時，那麼這些表面看起來積

極努力的行為，其實只是一種必要——讓自己不要落到後面的必要，而不是求取第一的手段。

在前面虛擬的強力一號稻種，和實際的英國農地私有化例子中可以看到，稻種是公機關發明的，而私有化過程是英國社會整體推動的，都是由社會整體共同負擔這些進步的成本。

但在公司營運方面，一家公司購買新機器、獲取新技術所需的資本，全部都是股東與債權人提供的（或使用本來該發給股東的盈餘）。當投資人提供了大量資本，讓公司拿到新一代的機器和技術時，卻發現只能領先對手兩個月的時間，或趕上早兩個月進行更新的對手。然後大家都有更大的產量、良率和更好的產品，又要發動價格戰，殺得你死我活，卻又很難多賺一些錢。

當股東花了一大堆錢，公司卻在競爭環境之下很難賺到錢時，這些投資的成果到底到哪裡去了？

答案就是消費者。

在 1976 年，儲存 10 億 Bytes（1GB）的資料，需要 56 萬美元，今天你只要 20 美元就可以買一個 64G 的隨身碟（讀者看到此書時，價格很可能又更低了）。

2000 年，一個 15 吋液晶螢幕要價 2 萬元。今天，50 吋液晶螢幕，2 萬有找。

這些公司拚得你死我活，卻還不一定能存活下來。消費者倒是很快樂地換用愈來愈大的螢幕，和容量愈來愈大的記憶裝置。當公司股東和高層看著右斜向下的價格趨勢搖頭興嘆時，

消費者看著一樣的圖大聲叫好。當消費者可以用更少的錢買到更好與更多的東西時，這就是經濟的進步，這就是投資的成果。

◎ 消費，就是享受投資的成果

很多人以為投資的成果就在於買進的基金、股票、債券賺了多少錢。其實，我們當前生活所享有的一切，可說全都是投資的成果。我們坐的高鐵、開的汽車、用的電腦、看的電視、打的手機，全部都是投資的成果。這些成果，由提供資本的投資人和營運公司的業者，努力為你提供。他們只怕你嫌棄他們、厭惡他們，害他們沒生意，無法存活。

所以，消費，就是享受投資的成果。投資的成果絕不是只有損益報表上的正號數字。

我們再看個例子。

在網路科技當紅的 90 年代，投資界認為，人類對網路容量的需求沒有止盡，全力投入就對了。所以每家網路相關公司，無不滿手資金，放手去做。

其中美國一家名叫 360Networks 的公司，花了 8.5 億美元鋪設一條當時最快的全球光纖網路。結果呢？當大家發現需求還是有上限的，當大家發現供過於求時，這條線路每 100 美元的成本，在市場上只有 2 美元價值。這家公司最後申請破產保護，投資人受傷慘重。

當這些投資人被新科技所蠱惑，拚命投入新資金，最後卻落得大敗潰輸時，這些成果、這些過量的供給，卻為當今的網

路服務打下基礎，讓使用者、消費者，可以很便宜地獲取這些服務。

不是只有在資本市場中提供資金，然後賺取報酬才叫享受投資成果。消費也是享受投資成果。當你省下一些錢，想在資本市場獲取一些投資成果時，你也可以留下一些錢，讓你現在就享受別人為你投資的成果。

生活，太常是一個均衡的問題。而且和帳目上虛幻的數字相比，消費買進自己喜歡的物件和服務，可說是實際得多的投資成果呢！

8-3 把握當下——現在與未來的平衡

在投資與累積財富的過程中，我們不斷望向未來。我們希冀現在省下的一塊錢，未來能有遠大於一塊錢的價值。我們希望現在自己省吃儉用，未來得以富足享樂。

懂得為未來計畫是人類特有的天性與卓越之處。但有時候，我們為了未來，卻忽略了當下。

《愛麗絲夢遊仙境》的作者路易斯・卡洛爾（Lewis Carroll）在 1889 年出版的《色爾維和布魯諾》（Sylvie and Bruno）書中有這麼一段教授與裁縫師的對話情節：

裁縫師說：「教授先生，這是幾年下來的帳單金額。」

教授：「那當然了，總共多少呢？」

裁縫師說：「一共是 2,000 英鎊。」

教授手伸進口袋，摸了摸，「嗯，這樣好不好。我明年再給你，錢算兩倍。明年我還你 4,000 英鎊好嗎？想想看，到時候你會變得多有錢。」

裁縫師說：「聽起來滿有道理的，那就這樣吧。」

裁縫師離開後，色爾維問教授：「裁縫師會拿到他的 4,000 英鎊嗎？」

教授說：「永遠不會。他會一直滿足於明年雙倍的給付，直到他死去的那天。你知道嗎，為了 100% 的利潤而多等一年，

永遠是值得的。」

　　裁縫師，這位 100 多年前的小說人物，就是一位典型的只見到未來，卻沒顧到當下的人。直到今天，裁縫師仍然到處可見。

◎ 別為了省錢而犧牲生活

　　許多青壯年人，或甚至老年人，鎮日想的，就是要如何把錢存下來。他們省吃儉用到虐待自己的程度，只為了想說「假如我把存下來的錢，投入年化報酬多少趴的市場，多少年後就會累積多少的財富」。

　　這些人是為未來努力累積和打拚的人。為了未來的好日子，在今天節省一點資源，留給未來使用，這是應該做的事，但不應為了未來，而過分犧牲當下。

　　投資人期待的未來，不論是一天、一個月還是一年，不也是一樣的時間嗎？這些未來的日子，和今天、這個月、今年，有什麼不同？當投資人期望未來有好日子時，他為什麼不能將現在、將當下，就變成好一點的日子呢？

　　當人過分犧牲當下，將希望完全寄託於未來的美好日子時，他其實根本無法確定未來到底會不會有好日子，他甚至根本不知道能不能活到未來。當下，就是每個人最需要把握的時刻。

　　我們可以隨時上網路帳戶或使用自動提款機，看看自己的資產淨值。沒錯，當這些數字增加時，我們會感到一絲絲滿足。我們也常自動假設，未來一定有時間享受這些資產，但往往到

最後面臨威脅生命的重大疾病或意外時，人們才驚覺不論累積了多少金錢，時間都正在無情地流逝。當那天到來時，有多少人會惋惜還有好多想做、卻一直沒做的事呢？

但太過「及時行樂」，也不會是個好主意。看看那些拚命刷卡享受，預支下個月、下一年，或甚至未來十年收入的卡奴，這些人完全不寄望於未來，他透支未來以支撐自己當下的欲念。假如停不住的消費念頭是一種變態，那麼將希望完全託付於未來，是否也是一種病態呢？

我們需要的是一種平衡。人要知道善待自己，特別是現在的自己。

因為，為了某某％的利潤而多等一年，不是永遠都值得的。

8-4 投資自己——工作與投資的平衡

　　投資是迷人的事。

　　最吸引人的一點，是**賺錢的可能**。很多人戮力研究投資，為的就是賺錢。工作不夠好、薪水不夠多，沒關係，只要努力研究投資，市場將給你豐碩的回報。最努力的人將得到最大的回報，不就是這樣嗎？這是他們的信條。

　　所以我們看到許許多多在工作時，電腦上開了一個股市視窗的人；在夜深人靜時，挑燈大戰美國股市的人；在放假時，埋首於理財書籍中的人。這一個個，都是努力投資的人。

　　但在做這些努力之前，這些投資朋友是否做過一個簡單的運算呢？

◎ 理財致富始於本業

　　假設，投資人甲每個月所得扣除花費後，可以自行投資的錢是 3,000 元；投資人乙能投資的錢則是 3 萬元。假設乙都把這 3 萬元存起來好了，每個月 3,000 元的甲，要有怎樣的投資成績，才追得上乙？

　　很簡單，900% 的報酬。請問，拿到 900% 的報酬要多少時間，是一周、一年，還是 20 年？甲要花多少努力，才能用投資追上這個差距？這是乙不投資的狀況。假如乙也會投資，而且

比甲還厲害（或是運氣好），甲追得上嗎？

再來一題。投資人 A 每月可投資 5 萬元，投資人 B 每月則有 20 萬元可以投資。假如十年之後，投資人 A 拿到了 100% 的報酬，當初每月投入的 5 萬元，都成長為 10 萬元；投資人 B 則績效不彰，這十年經歷了 -50% 的報酬。結果怎樣？結果是他的 20 萬元變 10 萬元，跟 100% 報酬的投資 A 比起來，錢也不會比較少。

這裡有點必須澄清的是，投資，為的不是超越或贏過別人，為的只是要滿足自己與家人的人生目標。但當投資人幻想要藉由投資把錢變大、獲取更優渥的生活時，他可曾想過，投資能帶來多大的功效？

事實是，**對絕大多數人來說，財富多寡的決定性因素，在於本業的收入。** 整天看著巴菲特靠投資成為全球排名前五的富人，便心生嚮往，想要投資致富，卻沒看到前百名的其他 99 位富人都是靠本業致富，絕對是一種見樹不見林。

沙漠居民，整天想的就是水。錢少的人，整天想的就是錢。就是因為錢少，才會努力去想要怎麼把錢變大，而對許多人來說，把錢變大的最好途徑就在於「投資」，而不在工作。

為什麼？

因為投資很有趣，上班很無聊。

這就是許許多多投資人的思維。

投資為什麼會有趣？因為有短期賺大錢的快感。請不要否認！想想看，假如投資只能帶來每年 5% 的預期實質報酬，且

不僅不一定會實現，你還要看著投資淨值上下起伏讓你的心情隨之擺盪，你會不會覺得投資很有趣？投資變得有趣，只因它染上了賭博的繽紛色彩。太多人以為只要去冒著虧大錢的危險，就能享受賺大錢的可能。這根本只是賭博。你只會從中獲取樂趣，難以得到金錢。

賭博在哪些國家是合法的？答案是，在所有有證券交易所的國家，賭博都是合法的。而那些鼓吹快樂投資、歡喜投資、腎上腺素投資的，不是別人，正是交易所中的莊家——金融相關業者。

上班很無聊，因為許多人的工作，不是他自己選的。是爸媽幫他選的、是先生太太幫他選的、是社會幫他選的。太多人不敢選擇自己喜歡的道路，而去順從父母的意見、他人的意見，或是社會上的意見，選擇其他人認為是好的，而不敢從事自己喜歡的職業。

或是，自己也沒想過自己要的到底是什麼。於是，就變成一個沒有熱情的工作者。一個討口飯吃，而不願意積極向上的工作者。

一個想著如何多賺錢的人，碰上媒體到處宣揚輕鬆投資賺大錢的例子，回頭看到自己無趣的工作，他會做出怎樣的選擇？可想而知。

◎ 投資沒有取代本業與家人的價值

投資提供了無盡的幻想，卻也有著如地心引力般難以逃離

的現實面。現實就是,所有投資人所得,必是扣掉成本後的市場平均。股市平均年報酬率是多少?皆大歡喜的 20% 嗎?市場是愈多人去研究它、愈努力去研究它,它的平均年報酬就會愈高嗎?

這些人中的絕大多數,將從投資得到失望的結果,而回頭繼續做那無趣的工作。這樣看來,投資還真有穩定社會的功能。讓許許多多對工作不滿的人,有個宣洩的管道。但又隱藏著灰色、鐵一般的事實,讓大多數的人必須繼續工作,為社會付出心力。

對大多數不是以金融為本業的人來說,投資不該是生活的重心,頂多當個興趣。

一般人說大學有三學分,課業、愛情與社團。其實,出了社會,一樣是這三樣東西:課業換成本業、愛情換成家人、社團換成興趣。本業、家人與興趣,不就是一個人生活的重心嗎?

最可靠的財富來源在本業、最穩定的精神支持在家人、最有趣的自我娛樂在興趣。投資沒有取代本業與家人的價值,頂多當個興趣。對大多數人來說,自己與家人是最值得投資的標的。真正踏實可行的致富之道,在本業,不在投資。

許多人問,該投資什麼?

站到鏡子前,你就會看到答案。

課後輔導

投資朋友常見
問題與解答

台灣 50 ETF 近十年表現如何？勝過多少主動型台股基金呢？

　　台灣 50ETF（台股代號：0050）是台灣最具代表性的指數化投資工具。該 ETF 持有台灣市值前 50 大的公司，跟台灣整體股市表現有很高的連動性。這樣一個不研究股票的指數化投資工具，長期表現如何呢？

　　根據台灣大學邱顯比與李存修教授定期整理的基金績效評比表，至 2015 年底，共有 67 支「一般股票型」的台股基金有過去十年績效。0050 的十年累積報酬是 73.5%，排第 25 名。67 支基金中，排名第 25，百分位排名是 37%，看來沒有特別突出，但實際成績其實更好。

　　為什麼？

　　因為這個統計，是看在 2015 年仍存在於市面上的基金。在 2005 年底當時，也就是這個十年期統計開始的時刻，一般股票型基金共有 103 支。

　　為何 2005 年底有 103 支基金，十年之後，到了 2015 年底，會只剩 67 支呢？理由就在於，共有 36 支基金在這十年之中被清算或合併了。而被清算或合併的基金，往往就是表現不好的基金。

▶ 表 Q-1　十年間消失的 36 支台股基金

金鼎行動	國際精選二十	新光台灣永發
富邦冠軍	台新台新	德信利基
國際金龍	滙豐成長	建華創世紀
建弘雙福	聯邦台灣創新	國票遠見
建弘福王	金鼎概念型	盛華 8899 成長
建弘萬得福	新光摩天	傳山永豐
建弘福元	金復華	新昕健康平安
富鼎寶馬	兆豐國際兆豐	玉山登峰
新光競臻笠	大眾精選 25	元大多元
富鼎大三元	富達台灣	台壽保龍騰優勢
永昌新銳星	國票精選成長	荷銀高股息
滙豐滙豐	保誠元滿	新昕優勢

　　所以 0050 的實際排名，是 103 支基金中，排第 25 名。是
前四分之一的排名。

　　這個例子告訴我們幾件事。

　　首先，這 100 多支基金，其中大多數經理人的選股成績，
落後不研究股票的 0050。媒體和某些「投資大師」常灌輸投資
人一個觀念，那就是投資要努力，愈努力就愈有高額回報。假
如真是如此，那些每天上班就是專門在研究台灣股市的經理人，
為何大多會交出落後指數化投資工具的成績呢？

　　第二，這個分析可以看到，假如只看在比較期間的終點，
檯面上仍存活基金的成績，就會高估主動選股的成績，低估被

動投資的績效。因為在這段期間，落後、消失的基金都沒有計入。假如看比較期間的起點，當時存在的基金才是真實的狀況。只看存活的基金，會引入生存者誤差。

第三，十年前存在的 103 支台股基金，十年過後，其中 36 支消失了，幾乎是三分之一。假如有一種彩券，平均每買三張，就會有一張中獎，大家一定會認為這是高中獎機率。這十年間，投資台股基金的投資人就面臨類似的狀況，平均每三支基金就有一支消失。你現在看好買進的基金，十年後能否持續存在，其實也是一個未知數。

指數化投資工具基本上只要做好指數追蹤的工作，就是達成任務。這種投資工具比較不會因績效不彰，面臨清算壓力。而資產規模龐大的指數化投資工具，被清算的可能性較低。使用這類投資工具，投資朋友比較能確定這個標的長期之後仍持續存在。

總結來說，在台股市場中最具代表性的 0050，過去十年的確取得相對不錯的成績。

Q&A 2 市值加權的指數化投資工具，豈不是價格愈高估的公司，就投資愈多錢在上面嗎？

　　0050 這支 ETF 追蹤的台灣 50 指數，是一個市值加權指數。台灣也有「加權股價指數基金」，這種基金追蹤的加權股價指數，也是市值加權。

　　市值指的是公司股票的整體市場價值。譬如某公司有 1 億股的一般股，每股市價 10 元，那麼這家公司的總市值就是 10 億。

　　假如指數中全部成分股的總市值是 500 億，那麼這家公司就會占指數 10/500 的權重，這就是市值加權。

　　有人因此對市值加權的指數編製方式提出抨擊，認為使用這種加權方式，假如一家公司股票的市價太高，那麼在指數中就會有愈高的權重。相反地，假如一家公司的股票價格被低估，那麼在指數中的權重就會偏低。

　　簡言之，他們認為這會是一個加重投資股價偏高的股票，卻不太投資股價偏低股票的指數編製方式。

　　看起來很有道理。實際狀況如何呢？我們以 0050 為範例。

　　表 Q-2 是 0050 在 2011 年初的前五大持股列表與配重。

▶ 表 Q-2　2011 年，0050 前五大持股與比重

公司名	比重
台積電	14.81%
鴻海	8.42%
宏達電	7.89%
南亞	5.61%
台塑	5.20%

　　假如股價愈高估，市值加權指數投資的比重就愈高。我們是否能說當時台灣 50 投資的這五大公司，比重都太高了呢？

　　我們挑出台積電和宏達電這五年間表現最好和最差的兩家公司來看。

　　從 2011 年初，到 2015 年底，台積電股價由每股 71.1 元爬升到 143 元，報酬率是 101%。（這未計入這五年間，台積電每年的現金配息）。同期間，宏達電的股價由每股 921 元跌到 78 元，跌幅 91.5%。

　　從 2011 年初到 2015 年底，台灣 50 的累積總報酬是 16.1%。

　　也就是說，從現在回顧，我們知道台積電五年前每股 71.1 元的價格實在是相對太便宜了。當時 0050 應該持有更多的台積電才對，對日後報酬會更有幫助。

　　我們也知道到 2015 年底宏達電只剩每股 78 元，五年前的每股 921 元實在太貴了，當初 0050 不應給宏達電那麼高的比重。

也就是說，在市值加權指數中占了相對高比重的股票，未必就是價格被高估，不應被持有的股票。

2016 年初，0050 的前五大持股與比重如表 Q-3：

▶ 表 **Q-3**　2016 年初，0050 前五大持股與比重

公司名	比重
台積電	28.23%
鴻海	8.58%
中華電	3.14%
台塑	3.06%
南亞	2.88%

請問，這五家公司，哪一家股價是被高估的，應該少持有一些呢？

假如這個問題很簡單就可以正確回答，那為什麼有那麼多經理人會交出落後 0050 的成績呢？

股價被高估的股票，以市值加權的話，比重的確會較高。但不要把邏輯顛倒過來，說成市值加權指數中，比重高的股票就是價格被高估的股票。

像當初在 2011，0050 占比前五名公司之一的宏達電，當時比重的確是太高了。但台積電，配重最高，卻是股價被低估的股票呢。

股價被高估，的確會帶來較高的市值。但不是高市值的股票，就是股價被高估。

台股 ETF 要如何選擇呢？

目前投資台灣股市，追蹤市值加權指數，以大型股為主的
ETF 有以下幾個標的：

元大台灣卓越 50ETF（台股代號：0050）

富邦台灣摩根 ETF（台股代號：0057）

永豐台灣加權 ETF（台股代號：006204）

以下分別介紹這幾支 ETF。

元大台灣卓越 50ETF 追蹤臺灣證券交易所與 FTSE 合作編
製的台灣 50 指數。這個指數由台股市場市值最大的 50 家公司
組成。

富邦台灣摩根 ETF 追蹤 MSCI 台灣指數。指數選股範圍囊
括台灣上市與上櫃股票前 99% 市場價值的股票。目標投資範圍
是市值的前 80% 到 90%。以公眾流通量係數調整後的市值進行
加權。

永豐台灣加權 ETF 追蹤臺灣證券交易所編製的發行量加權
股價指數。加權指數納入在台灣全部掛牌上市的普通股，是一
個全市場指數。2016 年 4 月，指數共有 854 支成分股。假如持
有全部的成分股，ETF 需要買進流動性不佳的小型股，會增加
ETF 的交易成本，所以這支 ETF 以採樣的方式追蹤指數。實務
上，該 ETF 主要持有台股市值前 200 大的公司股票。

元大台灣卓越 50ETF 投資台股市值前 68% 的股票，以大型股為主。富邦台灣摩根 ETF 和永豐台灣加權 ETF，分別投資台股市值前 75% 和 87% 的股票，已經有納入部分中型股。以市場涵蓋的完整度來說，後兩者較佳。

以成立年度來看，元大台灣卓越 50ETF 於 2003 年就已經成立，是這三個標的最資深，也是資產總值最大的 ETF。

近四年的平均每年內扣總開銷，元大台灣卓越 50ETF 是 0.45%。其他兩支 ETF 是 0.61%。

根據臺灣證券交易所資料，2015 全年，元大台灣卓越 50ETF 平均每月成交 22 萬張，富邦台灣摩根 ETF 平均每月成交 1,500 張，永豐台灣加權 ETF 平均每月成交 400 張。

▶ 表 Q-4　三支 ETF 基本特性資料

	市值範圍	成立年度	內扣費用	資產總值	月成交（張）
元大台灣卓越 50ETF	68%	2003	0.45%	828 億元	22 萬
富邦台灣摩根 ETF	75%	2008	0.61%	3.3 億元	1,500
永豐台灣加權 ETF	87%	2011	0.61%	2.5 億元	400

三支 ETF 歷年績效如表 Q-5：

▶ 表 Q-5　三支 ETF 歷年績效

年度	元大台灣卓越 50ETF (0050)	富邦台灣摩根 ETF (0057)	永豐台灣加權 ETF (006204)
2006	20.57%	n/a	n/a
2007	11.16%	n/a	n/a
2008	-43.10%	n/a	n/a
2009	73.85%	75.24%	n/a
2010	12.85%	11.65%	n/a
2011	-15.79%	-17.46%	n/a
2012	12.42%	12.26%	12.33%
2013	11.59%	11.83%	14.16%
2014	16.96%	15.90%	9.92%
2015	-6.06%	-8.35%	-7.55%

　　在三者同時存在的 2012 到 2015 這四年中，元大台灣卓越 50ETF 的累積績效是 37.8%，富邦台灣摩根 ETF 是 33.4%，永豐台灣加權 ETF 是 30.3%。

　　這三支 ETF 每一年度表現得相對強弱，主要反應的是台灣股市大型股與中小型股的相對表現。假如大型股表現優於中小型類股，元大台灣卓越 50ETF 會較具優勢。假如中小型類股表現優於大型股，那麼對富邦台灣摩根 ETF 與永豐台灣加權 ETF 有利。

　　總結來說，這三支 ETF 以富邦台灣摩根 ETF 與永豐台灣

加權 ETF 的市場涵蓋度較好，除了大型股之外，也已經包括部分中型股，可以給予投資人較接近全市場的報酬。

但在資產總值、流動性與內扣費用方面，元大台灣卓越 50ETF 都勝過其他兩支 ETF。所以在實務上，目前元大台灣卓越 50ETF 仍是台灣股市最具代表性的指數化投資工具。

Q&A 4 常有人說 0056 高股息 ETF 是比 0050 更好的選擇,真是如此嗎?

　　2007 年成立的元大台灣高股息 ETF(台股代號:0056)追蹤臺灣證券交易所與 FTSE 合作編製的臺灣高股息指數。

　　臺灣高股息指數有 30 支成分股。候選名單,是台灣 50 指數與台灣中 100 指數共 150 支股票。然後從中選取**未來一年預測現金股利殖利率最高**的 30 支股票做為成分股。

　　加權方式則是以現金股利殖利率決定。殖利率愈高,該股票在指數中所占的比重愈大。

　　請特別注意,這不是被動選股、市值加權的傳統指數編製方式。這是一種策略指數(Strategy Index)。投資人透過 0056 所拿到的,是台股中比較高股息區塊的報酬。

　　也就是說,0050 與 0056 有根本意義上的分別。使用 0050 是進行被動指數化投資。但 0056 不是,使用 0056 拿到的是特定策略的報酬,這是較為偏向主動投資的策略。

　　認為高股息 ETF 是較佳選擇的常見理由,在於認為依靠現金配息,那是一種實實在在的獲利。比起資本利得的起起伏伏,可靠得多。

　　首先,我們可以看一下 0050 和 0056 過去的配息紀錄。

▶ 表 **Q-6**　0050 和 0056 過去配息紀錄

年度	元大台灣卓越 50ETF (0050)	元大台灣高股息 ETF (0056)
2005	1.85	n/a
2006	4.0	n/a
2007	2.5	n/a
2008	2.0	n/a
2009	1.0	2.0
2010	2.2	n/a
2011	1.95	2.2
2012	1.85	1.3
2013	1.35	0.85
2014	1.55	1.0
2015	2.0	1.0

　　0056 自 2007 成立以來，在 2008 和 2010 這兩年，完全沒有配息。在這段期間，沒有特別標榜高股息的 0050，反倒是年年都有配息。高股息 ETF，未必是年年有現金配息的保證。

　　再來，0056 是否有帶來比 0050 更高的報酬呢？

　　在 2008 以後，這兩支 ETF 都有完整的單一年度績效，如表 Q-7：

▶ 表 Q-7　0050 和 0056 單一年度績效

年度	元大台灣卓越 50ETF (0050)	元大台灣高股息 ETF (0056)
2008	-43.10%	-48.08%
2009	73.85%	87.20%
2010	12.85%	18.99%
2011	-15.79%	-13.03%
2012	12.42%	9.37%
2013	11.59%	4.94%
2014	16.96%	9.50%
2015	-6.06%	-6.00%

　　八年累積總報酬，0050 是 29.6%，0056 是 18.8%。年化報酬，0050 是 3.3%，0056 是 2.2%。單年報酬標準差，0050 是 33.5%，0056 是 38.2%。

　　高股息 ETF 在過去八年有較大的波動，卻沒帶來較好的報酬。

　　這個分析比較的目的，並不是說 0056 在未來一定會落後 0050。其實高股息，是價值類股的一個重要特徵。而在全球許多國家的股市，都有價值股溢酬的現象。也就是說，價值類股表現比整體市場好。

　　高股息類股有機會幫投資人抓取到價值股溢酬，帶來較好的成績。但重點是，這是無法百分之百確定的事。

　　0050 和 0056 最主要的分別，在於它的策略。0050 帶給投資人的是被動投資的成績，0056 則會帶來特意篩選出高股息股

票的投資成果。

　　希望單純進行指數化投資的朋友，0050 會是比 0056 更好的選擇。

Q&A 5 0050 長期投資的成果如何呢？

我們來模擬，從 0050 成立後就買進，然後一直持有，所得到的投資成果。0050 在 2003 年 6 月 30 日開始交易，當天收盤價是每股 37.08。假設就在這天，以收盤價 37.08 買進一張，花費 37,080 元。買進後就一直持有，不賣出。這段期間拿到的配息，就在配發當天，以收盤價再投入。完整過程如表 Q-8：

▶ 表 Q-8

年度	累積股數	每股配息（元）	現金配息總額（元）	配息支付日收盤價（元）	配息再投入買得零股
2004	1,000	0	0	n/a	n/a
2005	1,000	1.85	1,850	47	39
2006	1,039	4	4,156	56.6	73
2007	1,112	2.5	2,780	61.95	44
2008	1,156	2	2,312	30.5	75
2009	1,231	1	1,231	53.85	22
2010	1,253	2.2	2,757	56.8	48
2011	1,301	1.95	2,537	48.72	52
2012	1,353	1.85	2,503	52.4	47
2013	1,400	1.35	1,890	57	33
2014	1,433	1.55	2,221	67.5	32
2015	1,465	2	2,930	62.8	46

註：以上計算未納入稅負，也未計入交易手續費。購得零股數以無條件捨去取整數。

原先在 2003 年買進的 1,000 股，到了 2015 年底，因為配息再投入，成長為 1,511 股。（1,465+46=1,511）

2015 年 12 月 31 日的收盤價是 60.75。1,511 股有 91,793 元的價值。

原先投入成本是 37,080 元。從 37,080 元到 91,793 元，總報酬率是 147.5%。從 2003 年中到 2015 年底，12 年半間取得 147.5% 的總報酬，年化報酬是 7.5%。

147.5% 就是 0050 自成立以來到 2015 年底的總報酬。總報酬是價差、配息與配息再投入所得的總和，也就是買進後長期持有的投資人會賺取到的報酬。

這個報酬也代表，單純投入台灣股票市場，不做任何選股的努力（就單純持有台灣市值前 50 大的公司），也不擇時進出，幾乎不費努力就可以拿到的報酬。（投資人只要開個券商帳戶，把資金存入，就可以買 0050 了）

買進並持有一個追蹤市值加權指數的指數化投資工具所取得的成績，是一個基本標竿。任何選股與擇時的努力，假如不能勝過不選股和不擇時，那就成果來說，都是適得其反，白費力氣。

0050 自 2003 年成立以來，表現良好，反應的是這段期間台灣的大型股整體表現良好。但這是過去的成績，這並不保證未來十年、二十年，0050 仍可以帶來正報酬。

投資風險是無法完全避免的。

Q&A 6 常有人說基金內扣的費用都已經反應在淨值上，所以只要看績效就好。績效好的基金，就是扣除成本後，表現仍很優異的基金。基金的內扣成本，不是那麼重要。

這個論點值得深入檢討。

「績效好的基金，就是扣除掉成本後，表現仍很優異的基金。」這句話是正確的。但問題是，是否所有收取這樣高費用的基金，都會有優異的表現？

你一定可以找到收取高額內扣費用後，表現仍很不錯的基金。但有兩個大問題。

第一，你是「事後」才找到的。事後發現某些基金在高額成本下仍有優異表現，是很簡單的事情。但假如下一步，就是以為這些表現很好的基金，未來仍會繼續有好表現，所以要把資金投入，這恐怕是不太聰明的舉動。

「過去績效不代表未來」，這句不是警語而已，它是事實。**事後**找到表現好的基金，**誰都會**。請這些說費用不重要的人，**事先**挑出未來在高費用下，仍會有好表現的基金。你就會看到他們左右支絀，講不出來。請他們留下對未來基金表現的預測

紀錄，過一、兩年再回頭看，一定會非常有趣。

第二個問題是，只看績效，讓人沒有整體觀。只看到少數幾支收取高費用的基金仍拿到好表現，卻沒看到大多數收取高額費用的基金成績都很差，都落後指數，就是這種只看績效不看成本的觀點所帶來的錯誤認知。投資人應採更宏觀的整體看法，那就是，基金收費愈高，它的表現就會有愈差的傾向。這點在國內、國外，都是屢試不爽的投資鐵律。

成本愈低，基金愈容易有好表現，這才是投資人應有的觀點。

說績效好的基金成本高也沒關係，這種論點，就像挑出一兩位吸菸、喝酒、過胖、攝取高鹽高油飲食，還活到 100 歲的人瑞說，你看，這些生活習慣不重要嘛，最後的壽命年限反應出在不良的生活習慣下，還是可以活得長壽啊。

假如醫生跟你這樣說，你會覺得怎樣？

但某些「基金投資專家」大聲宣布費用不重要時，你卻點頭嘖嘖稱是？

一個說生活習慣與疾病無關的醫師，與一位說費用與績效無關的投資專家，兩者的共通特點就是看不到或是刻意忽略事實。

Q&A 7 基金和 ETF 的內扣費用，到底是如何向投資人收取的？

譬如某支基金內扣總開銷 2%，代表每年基金會內扣 2% 的費用。但實際上，基金不是每年或每季才收取費用，是每天從淨值中扣除。

內扣總開銷 2%，那代表每天就會從淨值中扣除 2%÷365，等於 0.0055% 的費用。

假如有 100 萬投資在這支基金上，代表每天要交 55 元的內扣費用。一個月 30 天，就要交 1,650 元的成本。一整年下來，共 2 萬的成本。

每月 1,650 元的費用，恐怕比不少人每月的手機話費還要高。訂手機通話方案，消費者還懂得精打細算。面對基金的高內扣費用，許多人卻是完全沒想過。

有些投資朋友把錢放在高收益債券基金上，每月有幾千塊的入帳，心裡覺得相當踏實，有種確實賺到的感覺。卻沒有想到，基金的高額內扣費用，正讓自己每月失血上千元貢獻給基金公司。

重點是，大家都可以根據以上的算法，估計一下自己每月、每年要交多少錢給基金公司。相信有讀者朋友會赫然發現，自己一年交給基金公司的錢，比所得稅還要多。

Q&A 8 有人提到，買高收益債券基金，為的就是配息，所以就不必在意淨值波動了。

對於大多數人來說，投資有一個共同目的，就是資產成長。資產成長是來自配息或是來自資本利得，則沒有那麼大的分別（先不考慮課稅上的差異）。

譬如有一項投資，原始投資金額 100 元，之後十年，每年本金價值會增加 10 元。所以下一年，投資價值是 110 元，再下一年，會成長到 120 元。第十年終了，終點價值是 200 元。獲利 100%。

另外有一項投資，原始投資金額 100 元，每年配息 10%。所以下一年，拿到 10 元的配息。投資部位價值仍是 100。再下一年，也是拿到 10 元配息。最後十年終了，投資部位價值 100，共取得 100 元的配息。獲利也是 100%。

第一種投資，獲利完全來自資本利得。第二種投資，獲利則全部來自配息。

假如定期需要金錢花用的投資人使用第一種投資方式。那麼他可以每年變賣價值 10 元的部位，他就可以為自己帶來「配息」了。

對於不需要配息做為生活費，希望資本增值的投資人，假如他使用第二種投資方式，他可以將每年 10 元的配息投入原先

的標的，取得更多單位數。這麼一來，他就可以為自己帶來「資本利得」了。

從這個例子可以看到，配息或資本利得，只是一種名目上的分別。必要時，投資人可以自行轉換。

假如有第三種投資，原始投資金額 100 元，每年配 10 元。十年後，共拿到 100 元的配息，但原始本金侵蝕殆盡，變 0。請問這項投資的十年報酬是多少？

任何有基本知識的人都知道，獲利是 0%。根本沒賺錢。

但那種「只要看配息，不需要看淨值波動」的說法，會讓人以為獲利是 10%。重點是，配息加上資本利得（或損失），才是整體的投資成績。

譬如有支高收益債券基金，一年下來，本金虧損 10%，配息 7%。請問獲利是 7% 還是 -3%。

當然是 -3%。難道本金虧蝕超過配息，還要叫「有賺」嗎？

為什麼可以不去注意本金的賺賠呢？

「只看配息，不管本金波動」這種說法的目的，在於強化很多投資人去使用高收益債的原始出發點。對於不少投資人來說，現金配息是穩當拿在手中、真的有賺的錢。很多人想，「我只要確定有高收益，那麼就等同於有高報酬」。

這是一個從一開始就錯誤的想法。想想看，哪些債券會有高配息？

正是「高風險的債券」。

什麼叫高風險？那就是不保證可以賺錢，甚至有虧損的可

能。假如高收益債可以保證交出比低風險債券更高的報酬,那就不叫風險了。

為什麼高收益債配息高,卻可能交出低報酬呢?

讀者朋友應該已經想到了。那就是高收益債會給你高配息沒錯,但卻可能造成資本損失啊!

資本損失,正是高風險債券的風險所在。

只看配息,不必管本金增減的這種看法,就是請投資人只看報酬,不去顧慮風險。

而只看報酬的想法,從來就不是一個正確的投資觀點。

Q&A 9 有人說主動型基金在市場下跌時，會持有較多的現金，讓基金跌幅較小。不像指數型基金會一直維持完全投入，充分參與了下跌。真是如此嗎？

　　理論上來說，這是可能的。前提是，經理人要能正確的預知市場未來走勢。他要正確預測市場接下來會下跌，於是提高基金中的現金比重，這樣才能減少下跌時所受到的損失。但假如他拉高現金比重後，市場反而上漲，那麼他會錯過報酬。

　　實際上成果如何，我們以台股基金為分析範例。最近十年，台股有三個負報酬的年度，分別是 2015、2011 與 2008。這三個年度，是否台股基金大多交出勝過指數的成績呢？

　　2015 這一年，加權股價報酬指數的報酬率是 -6.87%。全部166 支台股基金，有 131 支勝過指數，35 支落後指數。分類上屬於一般股票型的 80 支台股基金，有 68 支勝過指數，12 支落後。

　　在 2015 這年，看來的確有超過一半以上的基金，跌幅比大盤小，交出了較好的報酬。

　　2011 年加權股價報酬指數的報酬率是 -17.98%。全部 185

支台股基金，只有 49 支勝過指數，136 支落後指數。分類上屬於一般股票型的 98 支台股基金，有 29 支勝過指數，69 支落後。

2011 年，反而是超過一半的基金，跌幅比大盤更慘。

2008 年，金融海嘯肆虐的年度，加權股價報酬指數重挫 -43.07%。全部 176 支台股基金，只有 43 支勝過指數，133 支落後指數。分類上屬於一般股票型的 91 支台股基金，有 30 支勝過指數，61 支落後。

2008 年，仍是大多基金下跌的比指數更慘。

從這三年的結果來看，結論恐怕是不一定。基金經理人未必能持續正確的預知市場下跌，提高基金持有的現金比重，替投資人帶來保護的效果。

不少宣揚主動型基金投資好處的人，直接把理論上可能有的優點，推導為實際上的優點，恐怕是一個基本錯誤。

Q&A 10 除了指數化投資之外，我是否可以進行基本面分析，以價值投資的方式來投入股市呢？巴菲特不是藉此獲得卓越的成績嗎？

在自行選股之前，要先有幾個體認。

首先，基本面分析不會消除單一公司的風險。

譬如 2016 年 5 月發生的台灣上櫃公司光洋科技假帳案。光洋科技曾在 2014 年得到櫃買中心的金桂獎。表面看來不錯的公司，投資人豈知道公開的財務報表其實是假帳。

基本面分析把財報中的數字視為事實，這一點恐怕不是那麼穩靠。當公司主管階層有意欺瞞時，連會計師也未必能事先察覺。

我們再來看外國的例子。福斯汽車在 2015 年 9 月爆發排氣數字造假事件，不僅重挫公司形象，股價也大幅滑落。原本以為漂亮的柴油車廢氣排放數字，卻是在汽車電腦系統上動手腳的結果，這不是任何基本面分析可以預知的事。

許多投資人以為「徹底」地研究一家公司，然後就可以「安心」的持有，恐怕是一種過於大膽的舉動。再徹底地分析，也只是就目前已知、或說是公司願意讓外界知道的消息，進行分析而已。那些隱藏的秘密，那些未來未知的挑戰，都仍是投資

路上的風險來源。

第二個該有的體認是，選用價值投資未必就會取得比較好的成績。

價值投資法是目前當紅的主動選股法，投資界也廣泛採用。假如用價值投資法，成績就會勝過指數，我們應可以看到很多基金經理人在跟巴菲特看齊之後，都取得勝過市場的成績。這不是事實。

最明顯的例子就是 Sequoia Fund。Sequoia Fund 的創辦者威廉・魯安（William J. Ruane）與巴菲特在 1950 年，一同在哥倫比亞大學跟葛拉漢學習價值投資。巴菲特在 1969 年結束投資合夥事業時，他建議合夥人可以轉投資 Sequoia Fund。

Sequoia Fund 過去的長年表現的確很好，但在 2015、2016 年，因為大量持有藥廠 Valeant 的股票，遭受慘重損失。這家藥廠在 2016 年受到美國證券交易委員會調查，涉及積極併購其他藥廠後，拉高藥價。Valeant 股價從 2015 年 8 月，從每股 260 元的高點，跌到 2016 年 6 月初的每股 30 元，跌幅達 88%。Sequoia Fund 也從每股 272 元跌到 183 元，跌幅近 33%。

從這個例子可以看到，連巴菲特認為可以做為自己當年投資合夥事業結束後的替代標的的基金，也不是躲過市場地雷的保證。

沒有任何投資法可以保證勝過市場，不確定性是一直存在的。以為採用某種投資法，就一定會帶來勝過市場的成績，比較像是盲目崇拜的熱情，而非理性判斷的冷靜。

國家圖書館出版品預行編目 (CIP) 資料

綠角的基金 8 堂課（2016 補課增修版）／綠角著．
-- 初版 . -- 新北市：經濟日報， 2016.08　　面；
公分
ISBN 978-986-92654-3-0（平裝）
1. 基金　2. 投資　3. 理財

563.5　　　　　　　　　　　　　　105012544

投資理財 26

綠角的基金 8 堂課〈2016 補課增修版〉

作　　　者｜綠角
社　　　長｜黃素娟
副 社 長｜翁得元
總 編 輯｜于趾琴
副總編輯｜盧家鼎
出版總監｜鄭秋霜
主　　　編｜陳雅儀
美術設計｜何柏毅
校　　　對｜陳添祿
圖表製作｜李及儁、陳雅儀
出 版 者｜經濟日報
地　　　址｜新北市汐止區大同路一段 369 號
讀者服務｜ (02) 8692-5588#2974
總 經 銷｜聯合發行股份有限公司
地　　　址｜新北市新店區寶橋路 235 巷 6 弄 6 號 2 樓
印　　　製｜韋懋實業有限公司

2016 年 8 月初版　　　　　　　　定價：320 元
2017 年 4 月初版 4 刷
Printed in Taiwan　版權所有 ‧ 翻印必究